Kenneth Blanchard
Robert Lorber

Die Praxis des :01-Minuten-Managers

Kenneth Blanchard
Robert Lorber

Die Praxis des :01-Minuten-Managers

Wie Sie die drei goldenen Regeln richtig anwenden

mvg verlag

CIP-Titelaufnahme der Deutschen Bibliothek

Blanchard, Kenneth:
Die Praxis des 01-Minuten-Managers [Ein-Minuten-Managers]
: wie Sie die drei goldenen Regeln richtig anwenden / Kenneth
Blanchard ; Robert Lorber. [Aus d. Amerikan. übers. von
Ursula Bischoff]. – München : mvg-Verl., 1990
(Business-Training ; 1107)
Einheitssacht.: Putting the one minute manager to work <dt.>
ISBN 3-478-81107-4
NE: Lorber, Robert:; GT

Titel des Originals: Putting the One-Minute-Manager to Work
Aus dem Amerikanischen übersetzt von Ursula Bischoff.

Veröffentlicht mit freundlicher Genehmigung des Verlages Moderne
Industrie, Landsberg, in der Taschenbuchreihe der Modernen Verlagsgesellschaft.

mvg – Moderne Verlagsgesellschaft mbH, München

Umschlaggestaltung: Gruber & König, Augsburg
Druck- und Bindearbeiten: Presse-Druck Augsburg
Printed in Germany 081107/690502
ISBN 3-478-81107-4

Für unsere Frauen Margie und Sandy, die uns durch alle Höhen und Tiefen des Lebens liebevoll und hilfreich zur Seite gestanden haben.

Inhaltsverzeichnis

Das Symbol :01

Das Symbol des Ein-Minuten-Managers – die 01-Minuten-Anzeige auf einer modernen Digitaluhr – soll daran erinnern, daß wir uns mehrmals täglich eine Minute Zeit nehmen sollten, um uns vor Augen zu führen, daß unsere Mitarbeiter zu unseren wichtigsten Ressourcen gehören.

Einführung

Im letzten Kapitel des Buches »*Der Ein-Minuten-Manager*« lernte der clevere junge Mann, der ein besserer Chef werden wollte, die Drei Goldenen Regeln des Ein-Minuten-Managers kennen. Ihm wurde schlagartig klar, daß sie den Schlüssel zu einem effektiveren Management darstellen.

Der junge Mann war ein eifriger Schüler. Schließlich wurde er zum Ein-Minuten-Manager:

Er setzte Ein-Minuten-Ziele.
Er spendete Ein-Minuten-Lob.
Er erteilte Ein-Minuten-Ermahnungen.

Im zweiten Band der »*Ein-Minuten-Manager*«-Reihe versucht ein erfahrener Manager herauszufinden, ob sich die Drei Goldenen Regeln auch in der Praxis bewähren und nachweislich positive Veränderungen bewirken – und zwar dort, wo es zählt: nämlich bei der individuellen Leistung. Er sucht die Antwort bei einem frischgebackenen Ein-Minuten-Manager. Nach und nach lernt er, wie man die Ein-Minuten-Management-Methode systematisch anwenden und vervollkommnen kann.

Dieses Buch soll eine Ergänzung zum ersten Band sein. Es ist ein Leitfaden für die praktische Anwendung der Drei Goldenen Regeln, der natürlich auch unabhängig vom ersten Buch benutzt werden kann. Es ist jedoch empfehlenswert, zur Vertiefung Ihres neuerworbenen Wissens zuerst den *Ein-Minuten-Manager*, dann *Die Praxis des Ein-Minuten-Managers* zu lesen.

Wir hoffen, daß Sie das, was der erfahrene Manager lernt, auch in Ihrem Aufgabenbereich anwenden und einsetzen. Sie werden sehr schnell bemerken, wie sich Ihr Leben und das Ihrer Mitarbeiter verändert.

Dr. Phil. Kenneth Blanchard
Dr. Phil. Robert Lorber

Die Reaktion auf das Buch »*Der Ein-Minuten-Manager*«, das ich zusammen mit Spencer Johnson geschrieben habe, war überwältigend. Daß es über ein Jahr lang auf der Bestsellerliste der *New York Times* stand, mehr als eine Million mal in der ganzen Welt verkauft und in sechzehn Sprachen übersetzt worden ist, hat uns mit tiefer Befriedigung erfüllt. Die Zahl der Männer und Frauen in renommierten Spitzenunternehmen wie auch in kleineren, wachstumsorientierten Betrieben, die die Drei Goldenen Regeln des Ein-Minuten-Managers kennen und schätzen gelernt haben, wächst stündlich. Das Ziel, ein kurzes, leicht zu lesendes Buch für Führungskräfte zu schreiben – ein Buch, in dem die Erkenntnisse der Verhaltensforschung all denen, deren Aufgabe es ist, Einfluß auf bestimmte Personen zu nehmen, lebendig und in verständlicher Form präsentiert zu werden – dieses Ziel haben wir offensichtlich erreicht.

Besonders erfreulich war, daß viele Führungskräfte die Meinung äußerten, Lernen könne wesentlich einfacher sein, wenn alle Bücher im Stil des »*Ein-Minuten-Managers*« geschrieben wären. Deshalb habe ich mich entschlossen, die *Ein-Minuten-Manager-Reihe* zu konzipieren. Ich möchte dazu mit einigen der kreativsten und innovationsfreudigsten Management-Experten eine Serie von *Ein-Minuten-Management*-Büchern zusammenstellen. Ich hoffe, damit zu erreichen, daß eines Tages ein Manager, der an seinem Schreibtisch sitzt und überlegt, was der Ein-Minuten-Manager wohl zu einem Thema wie Entscheidungsfindung, Zeiteinteilung, Führungsstil, Zuhören, Delegieren, Teamaufbau, Gruppenarbeit und ›Wie man seinen Chef beeinflußt‹, zu sagen hat, nur eines tun muß: das entsprechende Buch aus der Ein-Minuten-Management-Reihe vom Regal nehmen.

Ich habe die Ein-Minuten-Manager-Reihe zusammen mit einem der hervorragendsten Experten auf dem Gebiet der Produktivitätssteigerung konzipiert, mit Dr. Phil. Robert Lorber. Dr. Lorber befaßt sich ebenso intensiv wie meine Firma, die Blanchard Training and Development, Inc., mit modernen Führungsmethoden und ihren praktischen Folgen. Wir arbeiten eng mit der RL Lorber and Associates, Inc. zusammen, um Topmanager optimal auf ihre Aufgaben vorzubereiten. Unter Dr. Lorbers Anleitung wurden in den vergangenen zehn Jahren Programme zur Ertrags-, Qualitäts- und Leistungssteigerung sowie zur Verbesserung der Sicherheit im Betrieb entwickelt, mit deren Hilfe viele Unternehmen in aller Welt Millionenbeträge einsparen konnten. Einige ihrer Spitzenführungskräfte sind im Nachtrag zu Wort gekommen.

Ich möchte mich an dieser Stelle bei Dr. Lorber für die gute und fruchtbare Zusammenarbeit an dem Band »*Die Praxis des Ein-Minuten-Managers*« herzlich bedanken.

Dr. Phil. Kenneth Blanchard

Die Frage

Nachdem der erfahrene Manager »*Die Praxis des Ein-Minuten-Managers*« zu Ende gelesen hatte, legte er das Buch auf den Tisch. Gedankenverloren lehnte er sich im Sessel zurück. Er hatte das Buch zum erstenmal im Büro gelesen, und jetzt noch einmal zu Hause durchgearbeitet. »Auch jetzt kann ich keine logischen Fehler in den Drei Goldenen Regeln des Ein-Minuten-Managers entdecken. Aber ich möchte nur allzu gerne wissen, ob sie sich auch in der Praxis bewähren, ob ich wirklich bessere Arbeit leiste, wenn ich mich daran halte?«

Der erfahrene Manager beschloß, das um jeden Preis herauszufinden. Gleich am nächsten Morgen wollte er einen Berufskollegen anrufen, dem es gelungen war, aus einer Firma in einem Nachbarort, die »bis zum Hals« in Schwierigkeiten gesteckt hatte, ein blühendes Unternehmen zu machen. Unser Manager hatte in der Zeitung ein Interview mit diesem Mann gelesen, der seinen Erfolg hauptsächlich auf die Ein-Minuten-Management-Methode zurückführte. Ja, er bezeichnete sich selbst sogar als Ein-Minuten-Manager.

Der Ein-Minuten-Manager

Am nächsten Morgen rief unser erfahrener Manager aus seinem Büro den Ein-Minuten-Manager an. Er stellte sich vor und bat um ein Gespräch, um die Ein-Minuten-Management-Methode kennenzulernen. Unser erfahrener Manager hatte eigentlich wenig Hoffnung, in absehbarer Zeit einen Termin zu bekommen – aber siehe da, der Ein-Minuten-Manager antwortete ihm: »Sie können jederzeit kommen – außer Mittwoch Morgen, da habe ich ein Meeting mit meinen Topleuten angesetzt. Um ganz ehrlich zu sein – mein Terminkalender ist in dieser Woche ziemlich leer. Wann möchten Sie also herkommen?«

»Morgen früh um zehn Uhr würde mir ausgezeichnet passen,« sagte der erfahrene Manager vergnügt. Als er den Hörer aufgelegt hatte, dachte er: »Das ist ja interessant. Sieht ganz so aus, als sollte ich eine Antwort auf meine Fragen bekommen.«

Als der erfahrene Manager in das Büro des Ein-Minuten-Managers kam, sagte seine Sekretärin: »Er erwartet Sie schon. Gehen Sie nur hinein.«

Als er den Raum betrat, sah er einen Mann Mitte vierzig am Fenster stehen und hinausschauen.

Der erfahrene Manager hüstelte, und der Ein-Minuten-Manager wandte sich um. Er lächelte und sagte:

»Ich freue mich, Sie kennenzulernen. Setzen wir uns doch.« Er führte unseren Manager zu einer gemütlichen Sitzgruppe in einer Ecke des Raumes.

»Nun, was kann ich für Sie tun?« fragte er, als sie Platz genommen hatten.

»Ich habe, genau wie meine Mitarbeiter, den *Ein-Minuten-Manager* gelesen. Wir sind begeistert, wie fast jedesmal, wenn wir eine neue Führungsmethode kennengelernt haben. Ich frage mich nur, wie sich die Drei Goldenen Regeln des Ein-Minuten-Managements in der Praxis bewähren, ob sie wirklich entscheidende Veränderungen bewirken – und zwar dort, wo es wirklich zählt?«

»Bevor ich Ihre Frage beantworte,« erwiderte der Ein-Minuten-Manager, »möchte ich Ihnen eine stellen. Welcher Leitgedanke steht denn Ihrer Meinung nach hinter der Ein-Minuten-Management-Methode?«

»Nun, das ist ganz einfach,« sagte der erfahrene Manager. »Wenn Sie mir ein Blatt Papier geben, schreibe ich es für Sie auf.«

Der Ein-Minuten-Manager ging zu einem Tisch, holte einen Block und gab ihn unserem Manager. Ohne zu zögern, schrieb dieser:

Menschen,

die gute

Resultate erzielen,

sind

mit sich selbst

zufrieden

»Das ist eine interessante These,« meinte der Ein-Minuten-Manager und wies auf einen Spruch hin, der an der Wand hinter seinem Schreibtisch hing: *Zufriedene Menschen bringen gute Leistungen.* »Warum die Änderung?«

»Ich glaube, so läßt sich der Grundgedanke des Ein-Minuten-Managers besser darstellen,« erwiderte der erfahrene Manager, »und außerdem bin ich der Ansicht, daß meine Aussage genau mit dem übereinstimmt, was Sie lehren.«

»Wie meinen Sie das?« staunte der Ein-Minuten-Manager.

»Sie behaupten,« beharrte der erfahrene Manager, »daß es beim Ein-Minuten-Lob darauf ankommt, dem Betreffenden eindeutig zu sagen, was er oder sie richtig gemacht hat.«

»Das stimmt,« meinte der Ein-Minuten-Manager.

»Dann ist also ein Lob, das ja zur Zufriedenheit eines Mitarbeiters beitragen soll, nur dann wirksam, wenn der Betreffende zuvor etwas Positives getan hat.« Der erfahrene Manager lächelte, denn nun hatte er den Ein-Minuten-Manager in der Falle.

Leichter gesagt als getan

»Sie sind ein zäher Bursche,« lachte der Ein-Minuten-Manager. »Und Sie haben wirklich einen schwachen Punkt in der Ein-Minuten-Management-Methode entdeckt. Von Ihnen kann sogar ich noch lernen! Es macht Spaß, Ihnen etwas beizubringen.«

»Ich glaube kaum, daß Sie von mir viel lernen können,« sagte unser erfahrener Manager. »Ich bin nur ein ›alter Kämpe‹, der so manche Schlacht überlebt hat.«

»Es ist Ihnen wohl unangenehm, gelobt zu werden, stimmt's?« meinte der Ein-Minuten-Manager nachdenklich. »Die meisten Menschen fühlen sich dabei nicht ganz wohl in ihrer Haut.«

»Das liegt vielleicht daran, daß wir damit nicht vertraut sind,« erwiderte der erfahrene Manager. »Es ist gar nicht so einfach, etwas zu tun, woran man nicht gewöhnt ist, selbst wenn es aus Überzeugung geschieht.«

»Ja,« bestätigte der Ein-Minuten-Manager. »Das ist auch einer der Gründe dafür, daß es gar nicht so einfach ist, die Ein-Minuten-Management-Methode in die Praxis umzusetzen. Wir müssen unsere alten Verhaltensmuster ändern. Meistens bleibt es beim Vorsatz, sich von nun an intensiver mit den zwischenmenschlichen Beziehungen am Arbeitsplatz zu befassen und sie zu verbessern. Die meisten Topmanager halten Schulungsprogramme nur für eine Art zusätzliche Sondervergütung, eine willkommene Erholung vom täglichen Streß. Deshalb hängt dieser Spruch dort drüben an der Wand. Lesen Sie selbst:

Die

meisten Unternehmen

kümmern sich

intensiver darum,

immer

neue Führungsmethoden

zu entdecken,

als um die

Durchsetzung

der neu eingeführten

»Das stimmt,« bestätigte der erfahrene Manager, »und bei den meisten Menschen ist es nicht anders. Sie suchen immer nach der nächsten Patentlösung, die sich anbietet, anstatt sich auf das zu besinnen, was sie gelernt haben. Sie probieren eine Diät nach der anderen oder ein Fitneßprogramm nach dem anderen aus, ohne das vorhergehende weiter zu befolgen.«

»Und dann wundern sie sich, warum sie nicht abnehmen oder keine bessere Kondition bekommen,« warf der Ein-Minuten-Manager ein. »Das erinnert mich an die Geschichte von dem Mann, der bei einer Gratwanderung von den Klippen stürzte und im Fallen einen Ast zu fassen bekam. Er klammerte sich daran fest; als er wagte, nach unten zu blicken, sah er in der Tiefe die schroffe Felsenküste und hundert Meter über sich die Absturzstelle.

In seiner Todesangst schrie er: »Hilfe, Hilfe, ist da oben jemand? Hilfe!«

Und eine Geisterstimme antwortete: »Hier bin ich. Ich helfe dir, wenn du an mich glaubst.«

»Ja, das tue ich, ja, ja!« schrie der Mann.

»Wenn du mir vertraust,« sagte die Stimme, »dann laß den Ast los, und du bist gerettet.«

Als der junge Mann das hörte, schaute er noch einmal nach unten. Dann sah er schnell wieder nach oben und rief verzweifelt: »Ist da sonst noch jemand?«

»Die Geschichte ist gut,« lachte der erfahrene Manager. »Genau das möchte ich eben nicht – mich am alten Ast festklammern und dabei nach einem neuen System suchen. Ich glaube an die Ein-Minuten-Management-Methode. Ich möchte nur wissen, wie man sie so in die Praxis umsetzen kann, daß ein deutlicher Unterschied spürbar wird – und spürbar bleibt.«

»Dann sind Sie bei mir richtig,« antwortete der Ein-Minuten-Manager. Welche Probleme haben Sie denn mit den Drei Geheimnissen des Ein-Minuten-Managements?«

»Die größte Schwierigkeit besteht wohl darin, sie in die Führungspraxis umzusetzen, also genau zu wissen, wann was zu tun ist. Zum Beispiel denke ich manchmal, daß ich eigentlich ein neues Ziel festsetzen sollte, anstatt jemanden zu ermahnen; und wenn ich ein Ziel vorgebe, daß es eigentlich an der Zeit wäre, jemandem gehörig ›den Kopf zu waschen‹.«

»Ich hatte das gleiche Problem,« pflichtete der Ein-Minuten-Manager bei, »bis ich die Drei Goldenen Regeln in- und auswendig konnte.«

»Ich weiß, daß wir nicht über grammatische Regeln sprechen,« unterbrach ihn der erfahrene Manager, »aber was meinen Sie denn damit?«

Die Drei Goldenen Regeln des Managements

»Nein, hier geht es nicht um Grammatik, sondern um einen Weg, der zu den Führungsgrundlagen zurückführt. Auf diese Weise sind die Drei Geheimnisse in unserem Betrieb zur Selbstverständlichkeit geworden. Wir haben diese Geheimnisse schon seit langem gekannt und geschätzt, aber sie hatten keinen spürbaren Einfluß auf unsere Leistungen, bis wir die Drei Goldenen Regeln des Managements beherrschten,« sagte der Ein-Minuten-Manager. Er drehte sich um und schrieb auf eine Wandtafel:

1. Stimulans
2. Verhalten
3. Konsequenzen

Dann erklärte er:

»1. Stimulans: dazu gehört alles, was eine Führungskraft tun muß, bevor man davon ausgehen kann, daß jemand ein vorgegebenes Ziel erreicht.
2. Verhalten oder Leistung: darunter versteht man alles, was jemand sagt oder tut.

3. Konsequenzen: dazu zählt, wie eine Führungkraft reagiert, nachdem jemand sein Ziel erreicht oder zu erreichen versucht hat. Wenn ein Manager lernt, Punkt 1 und 3 zu beachten und bewußt einzusetzen, kann er sicher sein, daß sich Punkt 2, das Verhalten oder die Leistung, erwartungsgemäß verändert.«

»Wenn man also diese Drei Goldenen Regeln beherrscht, hat man ideale Voraussetzungen für Spitzenleistungen geschaffen?« fragte der erfahrene Manager.

»Genauso ist es,« betonte der Ein-Minuten-Manager. Schon viele Firmen haben die Erfahrung gemacht, daß sie mit beträchtlichen Leistungssteigerungen rechnen können, wenn sich ihre Führungskräfte an diese Drei Goldenen Regeln und andere Führungsstrategien, die ich Ihnen noch erklären werde, halten.«

»Können Sie mir mehr darüber sagen?« drängte der erfahrene Manager.

»Interessant ist zum Beispiel, daß diese Firmen aus den unterschiedlichsten Bereichen und Branchen stammen – aber alle haben, ausnahmslos, erhebliche positive Veränderungen verbuchen können. Es ging dabei um so verschiedene Probleme wie Produktivität (qualitativ wie quantitativ), Sicherheit, Personalfragen, Umsatz, Kosten und Erträge.«

»Das interessiert mich brennend,« warf der erfahrene Manager ein. »Ich sollte die Drei Goldenen Regeln wohl noch besser kennenlernen, wenn ich die Ein-Minuten-Management-Methode befolgen und den Unterschied spüren will.«

»Sie sollten sich mit einem meiner Mitarbeiter, Tom Connelly, unterhalten,« schlug der Ein-Minuten-Manager vor. »Ihm ist es zu verdanken, daß in letzter Zeit kaum jemand gekündigt hat und die Leistungen in seiner Abteilung merklich gestiegen sind. Er kann Ihnen viel mehr über die Drei Goldenen Regeln erzählen.«

»Das wäre schön,« sagte unser erfahrener Manager. »Aber bevor Sie ihn anrufen, möchte ich Sie noch etwas fragen. Ist die 3 eine magische Zahl? Zuerst die Drei Geheimnisse, und jetzt die Drei Goldenen Regeln?«

»Nicht immer,« erwiderte der Ein-Minuten-Manager lächelnd. »Aber ich glaube an die ›k.u.k.-Methode‹: das bedeutet, klipp und klar. Ich bin nämlich der Ansicht, daß die meisten Leute sich nicht allzuviel merken können, schon gar nicht, wenn sie das Gelernte anwenden sollen.«

»Ist die ›k.u.k.-Methode‹ normalerweise nicht eher für die leicht Begriffsstutzigen?« wunderte sich der erfahrene Manager.

»Ja,« gab der Ein-Minuten-Manager zu, »aber da das Ein-Minuten-Management eine positive Führungsmethode ist, haben wir für diese Konzeption auch einen positiven Begriff.«

»Ich dachte mir schon, daß Sie auch dafür eine Erklärung parat haben,« meinte der erfahrene Manager schmunzelnd. »Ich freue mich schon darauf, Ihren Herrn Connelly kennenzulernen.«

Der Ein-Minuten-Manager wählte eine Nummer

und sagte: »Tom, ich habe hier einen Besucher, der gerne die Drei Goldenen Regeln erlernen möchte. Haben Sie gerade Zeit?«

Obwohl unser erfahrener Manager die Antwort nicht deutlich verstehen konnte, glaubte er zu hören: »Natürlich, schicken Sie ihn rüber. Ich bin gerade erst von einem äußerst erfreulichen ›Inspektionsrundgang‹ zurück.«

»Schauen Sie doch noch einmal bei mir herein, wenn Sie mit Connelly gesprochen haben,« bat der Ein-Minuten-Manager, als er den erfahrenen Manager zur Tür begleitete.

»Gerne,« erwiderte dieser. »Und danke, daß Sie mir Ihre Zeit geopfert haben.«

Die Grundlagen

Als der erfahrene Manager Connellys Büro betrat, erhob sich ein korrekt gekleideter Mann Mitte vierzig hinter seinem Schreibtisch. Nachdem man sich vorgestellt hatte, kam der erfahrene Manager gleich zur Sache: »Ihr Chef hat mir gesagt, daß Sie mir genau erklären können, was es mit den Drei Goldenen Regeln des Managements auf sich hat.«

»Ich will es versuchen,« sagte Connelly. »Zunächst habe ich hier eine Zusammenfassung, damit man die Regeln immer ›vor Augen hat‹.« Er reichte dem erfahrenden Manager ein Diagramm.

Die Drei Grundlagen des Managements: Zusammenfassung

Die Begriffe:

1. Stimulans	2. Verhalten	3. Konsequenz

Die Bedeutung:

Was der Manager **vor** der Leistung tut	Leistung: Was jemand sagt oder tut	Was der Manager **nach** der Leistung tut

Beispiele:

Ein-Minuten-Ziel-Setzung • Zuständigkeiten • Leistungs-standard • Anleitung	• Schreibt Berichte • Verkauft Produkt • Kommt pünktlich zur Arbeit • Hält Fristen nicht ein • Schreibt Briefe • Macht Fehler • Führt Auftrag aus	**Ein-Minuten-Lob** • sofort, spezifisch • zeigt Gefühle **Ein-Minuten-Ermahnung** • sofort, spezifisch • zeigt Gefühle • Hilft **Ohne Reaktion**

Der erfahrene Manager studierte das Diagramm sorgfältig; dann blickte er auf, lächelte und sagte: »Die Ein-Minuten-Zielsetzung ist ein Stimulans? Gehört also zur Aktivierungsphase?«

» Ja,« antwortete Connelly, »die Aktivierungsphase läßt sich mit dem Einsatz beim Pokern vergleichen. Er bringt die Dinge erst ›ins Rollen‹.«

»Wenn die Zielsetzung zur Aktivierungsphase gehört,« bemerkte der erfahrene Manager, »dann kann's aber erst richtig losgehen, wenn Ihre Leute genau wissen, was sie zu tun haben (Zuständigkeiten) und was man in dem jeweiligen Aufgabenbereich unter einer *guten* Leistung versteht (Leistungsstandard).«

»Das ist der Grund, warum sich ein Manager stets daran erinnern sollte, was für ein wichtiges Stimulans die Zielsetzung ist,« betonte Connelly. »Sie setzt den Managementprozeß erst in Gang.«

»Das klingt gut,« pflichtete der erfahrene Manager bei. »Sobald es einen Anreiz gibt, sind die Leute bereit, an die Arbeit zu gehen.«

»Genau,« bestätigte Connelly. »Und diese Arbeit muß der Manager überwachen. Was jemand bei dem Versuch, eine bestimmte Aufgabe zu erfüllen, sagt oder tut, bezeichnen wir als Leistung oder Verhalten: der zweite Punkt in unserem Diagramm.«

»Gehört ›denken‹ und ›fühlen‹ auch zum Verhalten?« erkundigte sich der erfahrene Manager.

»Nein,« antwortete Connelly, »Gedanken und Gefühle sind zwar schon deshalb interessant, weil sie die

Handlungen entscheidend beeinflussen, aber sie zählen nicht zum Verhalten, weil man keinem Menschen ›hinter die Stirn schauen‹ kann.«

»Mit anderen Worten – man kann sie nicht sehen.«

»Richtig,« bestätigte Connelly. »Wenn Gedanken und Gefühle im Spiel sind, kommt es leicht zu Komplikationen und Mißverständnissen. Beschränken wir uns aber strikt auf das Verhalten, erscheint alles viel klarer, weil das Verhalten beobachtet und gemessen werden kann. Wie Sie aus dem Diagramm sehen, rechnen wir Tätigkeiten wie Berichte schreiben, Produkte verkaufen, Briefe tippen, Fehler machen und Aufträge ausführen zum Verhalten.«

»Aus dem Diagramm geht hervor, daß Verhalten positiv oder negativ sein kann,« bemerkte der erfahrene Manager.

»Ja,« pflichtete Connelly ihm bei, »und wie schnell und sicher Sie zwischen beiden Verhaltensweisen unterscheiden können, richtet sich nach dem Zielsetzungsprozeß. Läuft dieser so ab, wie er sollte, läßt sich die Qualität der Leistung am Verhalten ablesen und messen.

Das ist wichtig, weil man in erster Linie feststellen will, ob das Verhalten zum Erreichen des Ziels beiträgt (ob etwas richtig gemacht wird) oder nicht (also etwas falsch gemacht wird). Daraus läßt sich wiederum ableiten, wie Sie als Chef reagieren sollten.«

»Reagieren?« fragte unser erfahrener Manager.

»Reagieren hat mit den Konsequenzen zu tun,«

sagte Connelly, »dem dritten Punkt in unserem Diagramm. Die Reaktion des Vorgesetzten ist eine Folge des gelungenen oder mißlungenen Versuchs, eine Aufgabe zu bewältigen. Die Konsequenzen sind eine Folge der Leistung.«

»Ein Ein-Minuten-Lob und eine Ein-Minuten-Ermahnung sind folglich Konsequenzen,« meinte der erfahrene Manager.

»Ein Ein-Minuten-Lob ist ein Beispiel für eine positive Reaktion,« erläuterte Connelly, »während eine Ein-Minuten-Ermahnung eine negative Reaktion darstellt. Ob positiv oder negativ, die Konsequenz sollte in jedem Fall angemessen sein.«

»Angemessen?« fagte der erfahrene Manager erstaunt.

»Wenn Sie wollen, daß jemand aufhört, etwas Bestimmtes zu tun, dann ermahnen Sie ihn,« erklärte Connelly. »Aber wenn Sie wollen, daß er weitermacht wie bisher, etwas verbessert oder etwas Neues lernt, dann reagieren Sie positiv mit einer Anerkennung!«

»Es ist gar nicht so einfach, Lob und Tadel richtig einzusetzen,« überlegte der erfahrene Manager.

»Da gebe ich Ihnen recht,« nickte Connelly, »das ist schon ein Problem. So mancher Vorgesetzte lobt oder ermahnt seine Leute, je nachdem, wie er selbst gerade aufgelegt ist. Hat er einen guten Tag, klopft er jedem auf die Schulter, ist er schlechter Laune, brüllt er nur herum.«

»Ich könnte mir vorstellen, daß solche Chefs sehr schnell an Glaubwürdigkeit verlieren, wenn sie völlig undifferenziert loben oder tadeln.«

»Bestimmt,« pflichtete Connelly ihm bei, »das erinnert mich an die Geschichte von dem Blinden, der mit seinem Hund die Straße entlanggeht. Sie kommen an eine Ampel, und während sie auf ›Grün‹ warten, hebt der Hund das Bein und pinkelt seinem Herrchen auf die Hose. Der holt aus seiner Tasche einen Hundekuchen, bückt sich und hält ihn dem Hund hin. Ein Passant, der alles beobachtet hat, kann das nicht mehr mit ansehen. Er geht zu dem Blinden hin und sagt: »Es geht mich zwar nichts an, aber ich habe zufällig gesehen, wie der Hund Sie angepinkelt hat – und jetzt wollen Sie ihn auch noch dafür belohnen? Halten Sie das für richtig?« Der Blinde lächelt und sagt: »Belohnen? Ich versuche nur herauszufinden, wo bei ihm hinten und wo vorne ist, damit ich ihm einen Fußtritt verpassen kann.«

»Das ist gut,« lachte der erfahrene Manager. »Wenn Mitarbeiter sehen, daß ihr Chef nicht glaubwürdig ist, sind sie verunsichert. Hätte der Blinde den Hund für seinen Fehler belohnt oder beim nächstenmal ungerechtfertigt bestraft, wäre das Tier total verwirrt gewesen und hätte bald nicht mehr gewußt, was richtig und was falsch ist. Deshalb sollte man sich über die Konsequenzen im klaren sein.«

»Ganz richtig,« sagte Connelly.

»Ich habe schon dem Ein-Minuten-Manager gesagt,

daß mein Problem wohl eher darin besteht, den richtigen Zeitpunkt für Ermahnungen bzw. für eine erneute Zielsetzung zu wählen, als zwischen Lob und Tadel zu unterscheiden. Was schlagen Sie denn da vor?«

»Tja,« meinte Connelly, »Sie sollten vielleicht daran denken, daß Ermahnungen nur bei ›Gewinnern‹ wirken; deshalb sollte jede Zurechtweisung mit einem Lob enden. Zum Beispiel könnten Sie sagen: ›Sie gehören zu meinen besten Leuten – aber was Sie da gemacht haben, sieht Ihnen gar nicht ähnlich!‹ Das kann man natürlich nicht mit Mitarbeitern machen, die erst lernen, eine bestimmte Aufgabe zu meistern, und deshalb auch noch nicht auf Erfolge zurückblicken können.«

»Und was machen Sie, wenn solche Leute Fehler machen?« wollte der erfahrene Manager wissen.

»Ich würde das Ziel neu setzen und noch einmal ganz von vorne anfangen. Man könnte das Ganze so zusammenfassen:

Wann

ein Ziel

neu gesetzt

und

wann

ermahnt

werden sollte

Wenn jemand
etwas **nicht kann** → Das Ziel neu setzen (Ausbildungsproblem)

Wenn jemand
etwas **nicht will** → Ermahnen (Verhaltensproblem)

»Ich verstehe,« sagte der erfahrene Manager. »Sie ermahnen also nie jemanden, der noch lernt?«

»Nein,« antwortete Connelly. »Sie würden ihn dadurch nur lähmen und noch mehr verunsichern.«

»Also erreicht man mit Ermahnungen nicht, daß jemand etwas lernt, sondern daß er sein Verhalten ändert, das heißt, zu seinen guten Leistungen zurückfindet,« überlegte der erfahrene Manager laut.

»Ganz genau,« erwiderte Connelly. »Wenn Sie das Ziel für und mit jemandem, der noch lernt, neu setzen, sollten Sie ›am Ball bleiben‹ und genau beobachten, was er tut; macht er Fortschritte, sollte das Feedback positiv sein, wenn nicht, muß das Ziel neu gesteckt werden.«

»Man könnte den Lernprozeß also in fünf Schritte unterteilen:

1. **Sagen** (was zu tun ist)
2. **Zeigen** (wie es getan werden soll)
Dann
3. Den Lernenden **versuchen lassen**
4. Das Verhalten **beobachten**
und
5. Fortschritte **anerkennen**

»Sie haben erkannt, worum es beim Lernprozeß geht,« lobte Connelly.

»Was passiert, wenn Sie einem Mitarbeiter immer wieder etwas erklären, und trotzdem sind keine Fortschritte zu sehen?« fragte der erfahrene Manager.

»Dann sollten Sie mit ihm über seine Aufstiegschancen sprechen,« lachte Connelly, »mit anderen Worten, er oder sie hat vielleicht nicht den richtigen Beruf gewählt.«

»Warum gehört die erneute Unterweisung, wenn sie so wichtig ist, nicht zu den Drei Goldenen Regeln, unter die Rubrik ›Konsequenzen‹?«

»Das ist eine gute Frage,« räumte Connelly ein. »Ich habe schon gehört, daß Sie hartnäckig sein sollen! Es stimmt, daß neue Anweisungen auf ein bestimmtes Verhalten folgen, aber ich habe sie bisher noch nie als direkte Folge dieses Verhaltens betrachtet. Diesen Punkt muß ich noch anfügen.«

»Ich sehe aus dem Diagramm,« bemerkte unser erfahrener Manager, »daß der Begriff ›ohne Reaktion‹ zu den Konsequenzen zählt.«

»Weil das im Management besonders oft zu beobachten ist. Häufig ignorieren Vorgesetzte die Leistungen ihrer Untergebenen völlig, und das ›bringt‹ nichts.«

»Was heißt das?« wollte der erfahrene Manager wissen.

»Was passiert, wenn keinerlei Reaktion zu spüren ist, nachdem Sie eine Aufgabe bewältigt haben?« fragte Connelly. »Ihr Chef sagt und tut einfach nichts.«

»Zuerst gebe ich mir wohl noch mehr Mühe,« antwortete der erfahrene Manager. »Ich denke mir vielleicht: ›Wenn ich mich noch mehr anstrenge, wird der Boß es schon merken.‹«

»Und was ist, wenn er auch dann nicht reagiert?«

»Langsam läßt dann mein Eifer wohl nach. Warum soll ich mich schließlich abrackern, wenn sowieso niemand merkt, ob ich etwas tue oder lasse.«

»Es sei denn, Sie machen etwas, das Sie an sich schon motiviert,« unterbrach ihn Connelly.

»Dann ist es fraglich, ob ich noch zwischen Arbeit und Vergnügen unterscheiden kann,« warf unser Manager ein.

»Ein interessanter Aspekt,« entgegnete Connelly. »Wenn Sie Ihre Arbeit gern tun, geben Sie auch weiterhin Ihr Bestes, selbst wenn es niemand bemerkt und Ihnen auf die Schulter klopft. Aber normalerweise lassen Leistungen, auf die keine Reaktion folgt, eher nach.«

»Wollen wir doch mal sehen, ob ich das richtig verstanden habe,« meinte der erfahrene Manager und zeigte Connelly seine Notizen.

Nur

positive

Konsequenzen

ermutigen

zu guten

Leistungen

»Daran sollte man immer denken,« sagte Connelly, »und trotzdem – wie reagieren Vorgesetzte meistens auf die Leistungen ihrer Leute?«

»Negativ oder überhaupt nicht,« antwortete der erfahrene Manager. »Wir beide wissen ja selbst: solange alles läuft, passiert gar nichts. Aber sobald jemand einen Fehler macht, wird er ›abgekanzelt‹.«

»Diese Methode, den Dingen einfach ›ihren Lauf‹ zu lassen, ist uralt,« meinte Connelly lächelnd. »Keine besonders empfehlenswerte Art, Mitarbeiter zu motivieren.«

»Nein,« erwiderte der erfahrene Manager, »aber eine schlechte Gewohnheit, die man nur allzu schnell annimmt. Ich selbst bin da keine Ausnahme. Aber jetzt sehe ich ein, daß ich mit meinen Leuten besser zurechtkomme, wenn ich mich mehr um die Konsequenzen kümmere.«

»Das ist eine ganz besonders wichtige Lektion,« bestätigte Connelly. »Die meisten Menschen glauben, daß Stimulantien größeren Einfluß auf die Leistungen haben als die Konsequenzen des Verhaltens. Trotzdem wird die Leistung nur zu 15 bis 25% von solchen Anreizfaktoren wie ›Zielsetzung‹ beeinflußt, während sie zu 75 bis 85% auf Konsequenzen wie ›Anerkennung‹ oder ›Ermahnung‹ zurückzuführen ist.«

»Sie behaupten also, daß das, was passiert, nachdem jemand etwas getan hat, mehr zählt als das, was vorher geschehen ist?« fragte der erfahrene Manager skeptisch.

»Ja,« bekräftigte Connelly. »Leistung wird hauptsächlich von den Konsequenzen bestimmt. Deshalb ist es für den Ein-Minuten-Manager so ungeheuer wichtig, ›nachzufassen‹. Wir glauben, daß man sich zehnmal soviel Zeit für die Aufarbeitung eines Schulungsprogramms nehmen sollte wie für die Planung und Durchführung. Sonst fallen die Mitarbeiter nach kurzer Zeit leicht wieder in ihr altes Verhaltensschema zurück.«

»Ja, aber ohne Zielsetzung sind die Chancen gering, daß die Leute auch wirklich das tun, was man von ihnen erwartet,« beharrte der erfahrene Manager.

»Richtig,« räumte Connelly ein, »aber Zielsetzung ohne die richtige Handhabung der Konsequenzen – ohne Anerkennung bzw. Ermahnung – setzt nur bestimmte Aktivitäten in Gang und beschert uns Managern nur kurzfristige Erfolge. Mit anderen Worten, die Leistungen entsprechen nur dann den Erwartungen, wenn der Chef da ist; in seiner Abwesenheit ist das nicht unbedingt der Fall. Wie wichtig die Konsequenzen sind, zeigt der Spruch dort an der Wand:

Für einen Manager

ist wichtiger,

was in seiner

Abwesenheit,

als was in seiner

Anwesenheit passiert

»Das trifft den Nagel auf den Kopf,« seufzte unser erfahrener Manager. »Wenn ich da bin, läuft alles zu meiner Zufriedenheit, sogar zu Hause. Aber ich bin eben nicht immer da. Manchmal habe ich sogar das Gefühl, ich verbringe mehr Zeit mit meinen Kollegen (also Gleichgestellten im Betrieb) und meinem Chef, als mit meinen Untergebenen.«

»Wie gut ein Manager wirklich ist,« sagte Connelly, »läßt sich nicht an dem, was in seiner Anwesenheit, sondern vielmehr daran, was in seiner Abwesenheit passiert, ermessen. Und das ganze Geheimnis, wie man gute Leistungen auch dann erzielt, wenn man seinen Leuten nicht pausenlos ›auf die Finger schaut‹, besteht im richtigen Gebrauch von Lob und Tadel.«

»Jetzt ist mir auch klar, was Sie mit dem Satz gemeint haben, ›Stimulantien führen zu guten Leistungen‹ – das heißt, setzen sie zunächst einmal in Gang. Aber was wirklich entscheidend dazu beiträgt, daß sich gute Leistungen auch dann wiederholen, wenn der Chef nicht da ist, ist das, was nach der anfänglichen Leistung geschieht. Läßt man den Dingen dann einfach ›ihren Lauf‹, fühlen sich die meisten Mitarbeiter frustriert und verwirrt.«

»Wir ›bleuen‹ unseren Managern die Drei Goldenen Regeln ein, damit sie die Ein-Minuten-Zielsetzung, die Ein-Minuten-Anerkennung und die Ein-Minuten-Ermahnung zum richtigen Zeitpunkt einsetzen. Sie sind so eine Art ›Gedächtnisstütze‹ für ihr eigenes Verhalten.«

»Sie haben sehr anschaulich dargestellt, wie man sich als Führungskraft die Drei Geheimnisse zunutze macht,« lobte unser erfahrener Manager. »Ich glaube nicht, daß ich je wieder vergesse, was ich wann tun muß. Aber ich habe noch eine Frage: Sie haben die Bedeutung einer klaren, vernünftigen Zielsetzung und der darauffolgenden Anerkennung einer guten Leistung besonders hervorgehoben. Ich weiß jetzt nicht mehr genau, wann eine Ermahnung angebracht ist. Können Sie mir noch einmal erklären, unter welchen Bedingungen Ermahnungen eine positive Wirkung haben können?«

»Darüber sollten Sie am besten mit dem Ein-Minuten-Manager sprechen, das gehört zu seinen Lieblingsthemen,« antwortete Connelly. »Er kann Ihnen auch alles, was Sie noch über Zielsetzung oder Anerkennung wissen wollen, erklären.«

»Das ist ein Vorschlag,« meinte der erfahrene Manager. »Ich habe Sie sowieso schon viel zu lange aufgehalten.«

»Aber ich bitte Sie,« erwiderte Connelly, »es hat mir Spaß gemacht. Und seit ich mich an die Drei Goldenen Regeln halte, habe ich ohnehin viel mehr Zeit.«

»Ich hoffe, daß ich das auch bald von mir behaupten kann,« seufzte der erfahrene Manager.

Gewinner führen

Als der erfahrene Manager Connellys Büro verließ, überschlugen sich seine Gedanken. Connelly war ihm eine große Hilfe gewesen. Als er in das Vorzimmer des Ein-Minuten-Managers kam, lächelte die Sekretärin ihn an und fragte: »Hat Ihr Gespräch mit Tom Connelly etwas gebracht?«

»Das kann man wohl sagen,« antwortete der erfahrene Manager und erwiderte ihr Lächeln. »Kann ich den Chef sprechen?«

»Gehen Sie nur rein,« sagte sie, »er erwartet Sie schon.«

Als der erfahrene Manager das Büro des Ein-Minuten-Managers betrat, sah dieser wieder aus seinem ›Lieblingsfenster‹ hinaus. Er drehte sich um, als sein Besucher näher kam.

»Ihr Gespräch mit Connelly hat lange gedauert,« schmunzelte er, »Sie hatten sich wohl viel zu sagen!«

»Er hat mir sehr geholfen,« nickte der erfahrene Manager. »Aber ich habe noch ein paar Fragen zu den Ermahnungen. Connelly hat, als er über die Drei Goldenen Regeln sprach, die Bedeutung der Anerkennung besonders betont, aber den Sinn einer Zurechtweisung, meines Erachtens, heruntergespielt. Ich weiß, daß auch Sie der Ansicht sind, daß Ermahnungen gelegentlich notwendig sind, und deshalb bin ich jetzt ein wenig verwirrt.«

»Ihre Frage nach dem Sinn der Ermahnung läßt sich am besten beantworten, wenn ich vorausschicke, daß Sie ›Gewinner‹ führen – damit meine ich Leute, die bereits Erfolge vorweisen können. Gewinner lassen sich ohne Schwierigkeiten führen. Sie brauchen lediglich ihr Ziel, und schon ›preschen‹ sie los.«

»Die Erfahrung habe ich auch schon gemacht,« bekräftigte der erfahrene Manager. »Wir alle brauchen ab und zu ein Lob, aber ›Gewinner‹ sind weniger davon abhängig. Sie kommen normalerweise auch ohne ›Anstoß‹ aus, aber auch ohne Ermahnungen, stimmt's?«

»Ja,« pflichtete der Ein-Minuten-Manager bei, »ein guter Mitarbeiter hat eine Art eingebautes ›Korrektursystem‹. Wenn er einen Fehler macht, korrigiert er ihn, bevor es irgendjemandem auffällt.«

»Aber jeder macht einmal einen Fehler, ohne es zu bemerken,« beharrte der erfahrene Manager.

»Dann ist es vielleicht doch nötig, ihn darauf anzusprechen,« sagte der Ein-Minuten-Manager. »Aber wenn Sie die Drei Goldenen Regeln befolgen und Ihr Mitarbeiter sonst wirklich gute Leistungen bringt, sollte es keine weiteren Probleme geben, weil die Ermahnungen nach einem bestimmten Muster ›ablaufen‹.«

»Ich nehme an, Sie meinen damit, daß eine Ermahnung mit einem Lob enden sollte,« unterbrach ihn der erfahrene Manager.

»Genau,« lobte der Ein-Minuten-Manager.

»Connelly hat mir zwar erklärt, warum man jemanden, der noch lernt, nicht ermahnen sollte, aber ich verstehe noch nicht so ganz, warum Sie ihn am Ende der Ermahnung loben,« meinte der erfahrene Manager.

»Denken Sie daran: Ermahnungen sind nur dann effektiv, wenn Sie wissen, daß jemand mehr leisten kann,« erinnerte ihn der Ein-Minuten-Manager. »Wenn Sie mit der Zurechtweisung am Ende sind, wollen Sie ja, daß der Betreffende über *sein*, und nicht über Ihr Verhalten nachdenkt.«

»Das verstehe ich nicht,« gestand der erfahrene Manager.

Wirksame Ermahnungen

»Lassen Sie es mich einmal so erklären: Die meisten Leute vergessen nicht nur das Lob am Ende der Ermahnung, sondern sie holen auch noch zu einem ›Tiefschlag‹ aus und sagen zum Beispiel: ›Und Sie wollen befördert werden?‹ Und wenn noch jemand zufällig das Gespräch mit angehört hat – worüber unterhalten sich dann die beiden, nachdem Sie weg sind? Darüber, wie Sie Ihren Mitarbeiter behandelt haben, oder über das, was der Betreffende falsch gemacht hat?«

»Darüber, wie Sie mit ihm umgesprungen sind,« sagte der erfahrene Manager.

»Richtig. Sie schimpfen darüber, was für ein Mistkerl Sie doch sind. Aber trotzdem steht fest: Ihr Mitarbeiter hat einen Fehler gemacht. Wenn Sie Ihre Ermahnung mit einem Lob abschließen, heißt das soviel wie: ›Sie sind in Ordnung, aber Ihr Verhalten nicht!‹ Dann denkt der Zurechtgewiesene darüber nach, was er falsch gemacht haben könnte. Und wenn er versuchen würde, Sie bei seinen Kollegen anzuschwärzen, würden die ihm gleich ›in die Parade fahren‹ und sagen: ›Warum regst du dich eigentlich so auf? Er hat doch ausdrücklich gesagt, daß du zu seinen besten Leuten gehörst. Er will nur verhindern, daß du den gleichen Fehler noch einmal machst.«

»Ich glaube, ich weiß jetzt, was es mit dem Lob am Ende der Ermahnung auf sich hat. Darf ich das Ganze einmal zusammenfassen?« Er zeigte dem Ein-Minuten-Manager seinen Notizblock. Darauf stand:

Wenn Sie

Ihre Ermahnungen

mit einem Lob

abschließen,

denken Ihre Mitarbeiter

über ihr eigenes Verhalten

und nicht über das

ihres Chefs nach

»Das ist sehr gut formuliert,« lobte der Ein-Minuten-Manager. »Das erinnert mich übrigens an eine Episode aus meinem Privatleben. Kürzlich – ich glaube, es war an einem Freitagabend – kam meine Frau und sagte: ›Großer Herr und Meister ... ‹ immer wenn sie so anfängt, weiß ich, daß es Probleme mit den Kindern gibt und sie ›mit ihrem Latein am Ende ist‹. Sie hatte gerade unsere fünfzehn Jahre alte Tochter Karen dabei erwischt, wie sie mit einer Flasche Wodka unterm Arm aus dem Haus und zum Fußballspiel schleichen wollte.

›Ich könnte sie umbringen,‹ tobte meine Frau. ›Jetzt kümmere du dich mal darum.‹

»Ich bewundere manchmal alleinerziehende Mütter oder Väter; sie haben niemanden, dem sie die Verantwortung zuschieben können. Meine Frau und ich hatten schon immer einen Grundsatz: Wenn einer von uns beiden überfordert ist, ›übernimmt‹ der andere.

Und weil ich die Regel über die Ermahnung gerade erst gelernt hatte, wollte ich sehen, wie sie sich in der Praxis bewähren würde. Ich ging also in die Küche zu Karen, die ein Gesicht machte, als sollte sie in Einzelhaft genommen werden. Ich legte ihr die Hand auf die Schulter und sagte: ›Karen, deine Mutter hat mir gerade gesagt, daß du mit einer Flasche Wodka aus dem Haus gehen wolltest. Ich möchte dir einmal sagen, was ich davon halte: Ich kann es einfach nicht glauben. Wie oft habe ich dir schon erzählt, daß es schlimm enden kann, wenn jemand Alkohol trinkt und dann auch noch Auto fährt. Und jetzt willst du heimlich mit einer

Flasche Wodka losziehen ...›«.

»Nach unseren Regeln hat man aber bei einer Ermahnung nur dreißig Sekunden Zeit, um dem andern seine Gefühle klarzumachen.«

»Zwei Stunden wären Ihnen sicher lieber gewesen,« sagte der erfahrene Manager mitfühlend.

»Das kann man wohl sagen,« lachte der Ein-Minuten-Manager. »Manche Eltern brauchen dazu ein ganzes Wochenende. Freitag macht ihr Kind zum Beispiel einen Fehler und sie stellen es deshalb zur Rede. Eine halbe Stunde später fangen sie wieder an mit ›Was ich dir übrigens dazu noch sagen wollte ...‹. Am nächsten Morgen heißt es dann ›Und was deine Freunde betrifft ...‹. Das ganze Wochende verbringen sie damit, sich gegenseitig das Leben schwer zu machen.

Nach unseren Regeln bleiben genau dreißig Sekunden, um dem anderen seine Gefühle darzulegen. Aber wenn die vorbei sind, ist der Fall abgeschlossen. Danach wird nicht mehr davon gesprochen.

Ich kannte ja die Regeln und mußte deshalb meine Gefühle Karen gegenüber ›bremsen‹. Und genau da habe ich erkannt, wie wichtig es ist, zwischen dem ersten ›Gefühlsausbruch‹ und dem Schluß der Zurechtweisung einen stillen ›Augenblick‹ einzulegen. Man selbst wird dadurch ruhiger, und der andere spürt die Intensität der Worte besonders deutlich. Deshalb holte ich tief Luft – Karen schluckte – und fuhr dann fort: ›Ich möchte dir noch etwas sagen, Karen. Wir haben dich sehr lieb. Du bist normalerweise ein sehr verantwortungsbewußtes Mädchen, auf das man sich verlassen kann. Aber ein solches Benehmen sieht dir überhaupt nicht ähnlich. Und deshalb können wir das nicht einfach so hinnehmen.‹

Dann habe ich sie umarmt und hinzugefügt: ›Jetzt geh' zum Spiel, aber vergiß nicht, das ist nicht deine Art!‹«

»Ich bin mir nicht so sicher, ob ich sie hätte gehen lassen,« meinte der erfahrene Manager. »Sie hat es selbst wohl kaum glauben können, oder?«

»Sie konnte es wirklich nicht fassen,« bestätigte der Ein-Minuten-Manager; und dann habe ich noch gesagt: ›Jetzt weißt du, was ich von Alkohol und Heimlichkeiten bei Teenagern halte. Aber ich bin sicher, daß so etwas nicht wieder vorkommt, und deshalb geh' zu, und viel Spaß!‹

Bevor ich die Drei Goldenen Regeln kannte, wäre am Ende der Ermahnung mit Sicherheit kein Lob gekommen; ich hätte sie vielmehr in ihr Zimmer geschickt und gebrüllt: ›Fußballspiele sind gestrichen, bis du volljährig bist!‹«

»Worüber, glauben Sie, hätte Karen nachgegrübelt, wenn ich ihr Hausarrest aufgebrummt hätte? Über ihr Fehlverhalten oder über meine Reaktion?« fragte der Ein-Minuten-Manager.

»Darüber, wie Sie sie behandelt haben,« antwortete der erfahrene Manager. »Sie hätte sich bestimmt sofort ans Telefon gehängt und ihren Freunden erzählt, was für ein Scheusal ihr Vater ist. In dem Alter läßt man an den Eltern selten ein ›gutes Haar‹.«

»Das glaube ich auch,« meinte der Ein-Minuten-Manager. »Und dann wäre sie aus psychologischer Sicht, was die Schuldfrage betrifft, ›aus dem Schneider‹, weil sich ihre Überlegungen auf mein Verhalten konzentriert hätten.«

»Und wie ging's dann weiter?« fragte der erfahrene Manager, der sich wie in einem Melodrama vorkam.

»Am nächsten Morgen kam Karen zum Frühstück herunter. Ich war natürlich neugierig, wie sie mein Verhalten aufgenommen hatte und fragte sie ganz offen danach.

›Das war furchtbar,‹ sagte sie, ›du hast mir den Spaß am Fußballspiel gründlich verdorben.‹

›Wieso?‹

›Die ganze Zeit mußte ich daran denken, was ich angestellt hatte, und wie sehr ich Mutter und dich enttäuscht habe.‹

»Ich lächelte heimlich und dachte: ›Es hat also wirklich geklappt! Sie hat nur darüber nachgedacht, was sie falsch gemacht hat und nicht, wie ich sie behandelt habe.‹«

»Das ist ein sehr anschauliches und aufschlußreiches Beispiel,« lobte der erfahrene Manager. »Den Aspekt habe ich jetzt verstanden. Aber ich habe noch ein paar Fragen zu den Ein-Minuten-Ermahnungen.«

»Nur zu,« ermutigte ihn der Ein-Minuten-Manager. »Die meisten Fragen beziehen sich auf die Ermahnungen.«

»Was ist, wenn die Person, die ermahnt wird, zum Beispiel Karen, ein Streitgespräch anfangen will?« fragte der erfahrene Manager.

»Dann unterbrechen Sie Ihren Satz auf der Stelle und machen dem Betreffenden klar, daß es sich hier nicht um eine Diskussion handelt. ›Ich sage dir klipp und klar, Karen, was du falsch gemacht hast; wenn du mir später deine Meinung dazu sagen willst, ist es mir recht. Aber jetzt hör' dir bitte an, was ich dir zu sagen habe.‹«

»Das ist gut,« sagte der erfahrene Manager. »Aber da ist noch etwas. Wenn ich mich schon entschließe, eine Ermahnung mit einem Lob ausklingen zu lassen, könnte ich doch auch mit einem Lob anfangen, oder nicht? Ich habe bisher immer die ›Sandwich-Methode‹ angewendet: auf die Schulter klopfen, ›Leviten lesen‹, auf die Schulter klopfen.«

»Das kenne ich,« sagte der Ein-Minuten-Manager. »Aber ich habe die Erfahrung gemacht, daß es sehr wichtig ist, Lob und Tadel als getrennte Vorgänge zu behandeln. Wenn Sie eine Ermahnung mit einem Lob beginnen, verliert das Lob an Gewicht.«

»Warum?« fragte der erfahrene Manager.

»Wenn Sie nämlich hingehen und Ihren Mitarbeiter zunächst einmal loben, hört er Ihnen gar nicht richtig zu, weil er insgeheim darauf wartet, daß Sie endlich ›die Katze aus dem Sack lassen‹, also zur Sache kommen.«

»Wenn man also Lob und Tadel säuberlich trennt, sind beide viel eindringlicher,« faßte der erfahrene Manager zusammen. »Wie ist es denn mit den drastischen Strafen, wie zum Beispiel Degradierung, Versetzung oder ähnlichen Maßnahmen? Sollte man so etwas überhaupt in Betracht ziehen?«

»Unsere Erfahrungen mit der Ein-Minuten-Ermahnung haben gezeigt, daß solche zusätzlichen Strafen normalerweise überflüssig sind. Die Ermahnung an sich ist schon unangenehm genug.«

»Das Beispiel mit Karen war wirklich sehr eindrucksvoll,« sagte der erfahrene Manager. »Sie haben meine Fragen zu den Ermahnungen hinreichend beantwortet. Und ich sehe jetzt auch, wie man als Manager mit Hilfe der Drei Goldenen Regeln die Ein-Minuten-Management-Methode praktiziert. Aber wie läßt sie sich in ein vollständiges organisatorisches Programm zur Leistungssteigerung einbauen?«

»Mit *Drill*,« antwortete der Ein-Minuten-Manager lächelnd.

»Drill?« fragte der erfahrene Manager erstaunt.

»Mit dem Drill-System,« fügte der Ein-Minuten-Manager hinzu. »Der Manager lernt über die Drei Goldenen Regeln hinaus fünf einfache Schritte, die dazu beitragen, daß jeder seine Leistungen verbessern kann.«

»Das klingt faszinierend,« staunte der erfahrene Manager. »Aber ich bin schon ganz durcheinander von all dem, was ich heute gelernt habe.«

»Warum bleiben Sie heute nacht nicht in der Stadt, und wir treffen uns morgen früh wieder? Meine Sekretärin reserviert Ihnen ein Zimmer im Osborn-Hotel. Der Manager dort ist ein begeisterter Anhänger unserer Methode; er hat sogar ein individuelles Anerkennungssystem für sein Personal eingeführt. Das wird Sie sicher interessieren.«

»Einverstanden,« meinte der erfahrene Manager.

Der erfahrene Manager fuhr ins Hotel und ging gleich zur Rezeption. Die Empfangsdame sagte zu ihm: »Unsere Gäste sind uns sehr wichtig. Würden Sie uns während Ihres Aufenthalts bei uns wohl einen Gefallen tun?«

»Sicher,« antwortete der erfahrene Manager. »Worum handelt es sich?«

»Wir möchten Ihnen dieses Heftchen mit ›Anerkennungs-Kupons‹* geben. Wenn einer unserer Angestellten etwas tut, was Ihnen gefällt, reißen Sie einen Kupon heraus, schreiben auf der Rückseite auf, was er oder sie richtig gemacht hat, schreiben seinen oder ihren Namen dazu und geben den Kupon im Büro unseres Managers ab.«

»Die Gäste loben das Personal also jedesmal dann, wenn es etwas richtig gemacht hat,« lachte der erfahrene Manager. »Und ich möchte wetten, daß der Ma-

* Drew Dimond, ehemaliger Distriktmanager der Holiday Inn-Kette in Nashville, Tennessee, war ein überzeugter Ein-Minuten-Manager und beschloß, in einem seiner Hotels sogenannte Anerkennungs-Kupons einzuführen. Gary Wood, der Hotelmanager, ›spielte‹ mit. Die hier beschriebenen Resultate gleichen denen, die in diesem Holiday Inn nachweislich erzielt wurden.

nager jeden eingegangenen Kupon mit einem Lob ›quittiert‹.«

»Sie haben das Buch gelesen,« staunte die Empfangsdame.

»Das habe ich. Und es sieht ganz so aus, als ob das Ein-Minuten-Management bei Ihnen bestens funktioniert.«

»Dieses System ist einfach fantastisch,« rief die Empfangsdame begeistert aus. »Ich wünsche Ihnen noch einen schönen Abend.«

Theorie und Praxis

Nach dem Essen ging der erfahrene Manager sofort auf sein Zimmer, um sich ein wenig auszuruhen. Er war erstaunt über das hervorragende Personal. Er hatte schon drei Kupons verteilt – an den Pagen, die Bedienung im Restaurant und den Oberkellner. Seine Einstellung zu diesem Hotel hatte sich völlig verändert, weil er nur das Positive registrierte. Durch die Anerkennungs-Kupons fühlte er sich als Gast verpflichtet, sich zu bedanken statt sich zu beklagen.

Am nächsten Morgen packte er seine Koffer und fuhr mit dem Lift nach unten. Nach dem Frühstück zahlte er seine Rechnung und ging in das Büro des Hotelmanagers, um die Kupons abzugeben. Dieser hatte gerade Zeit für ihn.

Als der erfahrene Manager die Anerkennungs-Kupons überreichte, sagte er zum Hotelmanager: »Ich halte dieses System für eine großartige Sache. So sollte Ein-Minuten-Management aussehen! Hat sich das Kupon-Programm eigentlich auch merklich auf das Verhalten Ihres Personals ausgewirkt?«

»Wir haben dieses System zwar erst vor fünf Monaten eingeführt, aber man kann schon jetzt sagen, daß Fehlzeiten und Fluktuation beträchtlich reduziert worden sind. Unsere Angestellten kommen jetzt gerne zur Arbeit, weil ihre Leistungen anerkannt werden. Die Kupons bringen keine finanziellen Vorteile – nur ein Schulterklopfen als Belohnung für eine gute Leistung.«

»Glauben Sie, daß sich dadurch auch die Einstellung der Gäste geändert hat?« wollte der erfahrene Manager wissen.

»Ganz bestimmt!« beteuerte der Hotelmanager. »Die größte Verbesserung läßt sich wohl bei der Bewertungsskala der Gäste feststellen. Wir bitten unsere Gäste nämlich, das Hotel nach Kosten/Nutzen, äußerem Eindruck, Service, Freundlichkeit des Personals usw. auf einer Fünf-Punkte-Skala zu beurteilen. Vor Einführung des Systems haben weniger als 70% der Gäste, die den Fragebogen ausfüllten, die Höchstnoten gegeben. Heute sind es, dank unserer Methode, weit über 90%, und es werden dreimal soviele Fragebögen abgegeben.«

»Die Anerkennungs-Kupons haben sich also für Sie, für Ihre Gäste und für Ihr Personal bezahlt gemacht,« sagte der erfahrene Manager.

»Ja,« bestätigte der Hotelmanager. »Das Ein-Minuten-Management hat sich in der Praxis als erstklassige Investition erwiesen.«

Als sich der erfahrene Manager vom Hotelmanager verabschiedete, lächelte er und sagte: »Mein Besuch bei Ihnen war auch keine Fehlinvestition!«

Einführung des Drill-Systems

Als der erfahrene Manager wieder in das Büro des Ein-Minuten-Managers kam, fand er diesen in seiner üblichen Pose am Fenster. Als der Ein-Minuten-Manager spürte, daß er nicht mehr allein war, drehte er sich um, begrüßte seinen Gast herzlich und bot ihm einen Stuhl am Konferenztisch an.

»Nun, wie hat Ihnen Ihr Aufenthalt im Osborn Hotel gefallen?« fragte der Ein-Minuten-Manager, als er sich setzte.

»Ich bin sehr zufrieden,« erwiderte der erfahrene Manager. »Sie hatten recht – es war ein einmaliges Erlebnis!«

»Ich wollte, daß Sie, bevor wir uns heute unterhalten, einmal selbst erleben, wie das Ein-Minuten-Management in der Praxis aussehen kann. Dann werden Sie unser *Drill*-System auch besser verstehen.«

Während der erfahrene Manager dem Ein-Minuten-manager zuhörte, bemerkte er einen neuen Spruch auf dem Schreibtisch:

Nicht

irgend etwas tun,

sondern

abwarten

Der erfahrene Manager lächelte, weil er wußte, daß die Hektik in den meisten Unternehmen oft ebenso unwirksam wie unumgänglich ist.

»Von meinen Spitzenleuten,« sagte der Ein-Minuten-Manager, als er den Blick des Besuchers sah. »Sie meinen, daß dieser Satz die Bedeutung der Zielsetzung symbolisiert; sie stellt eine Möglichkeit dar, der ›Aktivitäts-Falle‹ zu entgehen.«

»Der Aktivitäts-Falle?« staunte der erfahrene Manager.

»Damit ist gemeint, daß die Leute hektisch hin- und herlaufen, um etwas richtig zu tun, bevor jemand sich besinnt, und das Richtige tun läßt.«

»Apropos etwas richtig machen: Wie lerne ich am besten das *Drill*-System kennen?«

»Sie sollten sich mit Alice Smith unterhalten,« schlug der Ein-Minuten-Manager vor. Sie gehört zu meinen kreativsten Leuten und hat übrigens auch an der Entwicklung des *Drill*-Systems mitgearbeitet. Seit sie den Verkauf übernommen hat, ist unser Umsatz enorm gestiegen.«

Als der Ein-Minuten-Manager Alice Smith anrief, lächelte der erfahrene Manager und dachte: »Unsere Arbeit hat heute zum Glück nichts mehr mit ›schwarzer Magie‹ zu tun. Ich wette, daß das *Drill*-System einfach, aber wirkungsvoll ist.«

»Sie werden erwartet,« sagte der Ein-Minuten-Manager. Gehen Sie nur gleich rüber. Ihr Büro ist im gleichen Gebäude wie Connellys, im dritten Stockwerk.«

Das Drill-System

Alice Smith arbeitete gerade an ihrem Schreibtisch, als unser erfahrener Manager ihr Büro betrat. Er dachte: »Wenigstens ein Ein-Minuten-Manager, der so aussieht, als ob er arbeitet.«

Sie lächelte, als er näherkam. »*Drill* führt Sie also zu uns,« sagte sie, und bat den erfahrenen Manager, Platz zu nehmen.

»So ist es,« antwortete der erfahrene Manager. »Ich bin schon sehr neugierig.«

»Gut, weil nämlich das *Drill*-System das Rüstzeug ist, mit dem der Ein-Minuten-Manager auch in der Praxis bei seinen Mitarbeitern bessere Leistungen und größere Zufriedenheit am Arbeitsplatz erzielt. Sie sollten deshalb gut zuhören, weil sich aus den Drei Goldenen Regeln fünf wichtige Schritte ableiten.«

Frau Smith schrieb an eine kleine Tafel hinter ihrem Schreibtisch

Definieren
Reorganisieren
Informieren
Lehren und Lernen
Leistungen beurteilen

Den Aufgabenbereich definieren

»Definieren bedeutet, die wichtigsten Aufgabenbereiche für die Mitarbeiter nach sicht- und meßbaren Kriterien festlegen,« begann sie. »Im wesentlichen handelt es sich dabei um Arbeitsbereiche, die wir als Ein-Minuten-Ziele bezeichnen würden.«

»Angenommen, ich würde Ihnen sagen: ›Ich bin mit meinem Team nicht mehr zufrieden. Ein bißchen mehr Engagement wäre nicht schlecht!‹ Wäre das spezifisch genug?«

»Nein,« erwiderte Frau Smith. Wir brauchen mehr Informationen, um die Arbeitsmoral zu verbessern oder bei mangelndem Engagement oder Faulheit Abhilfe zu schaffen.«

»Sind denn nicht gerade Probleme, die die Arbeitsmoral betreffen, besonders schwerwiegend für ein Unternehmen?« fragte der erfahrene Manager.

»Das stimmt, aber da müßte man genau definieren, was mit ›Arbeitsmoral‹ gemeint ist. Heißt das, die Mitarbeiter kommen ständig zu spät? Oder gibt es häufig Reklamationen? Oder Streitereien? Was versteht man unter ›schlechter Arbeitsmoral‹?«

»Also müssen wir Manager aufhören zu verallgemeinern und etwas pauschal als gut oder schlecht zu bezeichnen, und stattdessen präzise sagen, worum es geht.«

»Genau das ist mit ›definieren‹ gemeint,« nickte sie, zufrieden darüber, daß ihr Gesprächspartner so schnell begriffen hatte.

»Die Aufgabenbereiche, die bewertet werden sollen, und die Bewertungsmaßstäbe – zum Beispiel Quantität, Qualität, Kosten (innerhalb oder außerhalb des Budgets), fristgemäße Ausführung, usw. exakt festlegen.«

»Und wohin soll das führen?« unterbrach der erfahrene Manager.

Die Arbeit reorganisieren

»Direkt zur *Reorganisation,*« antwortete Frau Smith. »Wenn ein Aufgabenbereich oder ein Ein-Minuten-Ziel genau definiert worden ist, um Verbesserungen zu erzielen, wollen Sie ja auch die augenblicklichen Leistungen und Fortschritte in diesem Bereich prüfen. Sie werden bemerkt haben, ich spreche hier von Aufgabenbereichen, die verbessert werden sollen – nicht von Problemen. Die meisten Menschen geben nur widerstrebend zu, daß sie ein Problem haben, aber jeder möchte wohl das eine oder andere verbessern.«

»Sie meinen, man soll Fakten sammeln, zum Beispiel darüber, wie häufig jemand zu spät kommt, wie oft ein Produkt auf Grund von Qualitätsmängeln zurückgeht, usw.?« fragte der erfahrene Manager.

»Genau,« erwiderte sie. »Leistungssteigerung darf nicht länger ein ›Buch mit sieben Siegeln‹ sein.«

»Und was ist, wenn jemand sagt: ›In meinem Job lassen sich Leistungen nicht messen!‹« wollte der erfahrene Manager wissen.

»Wenn uns jemand das erzählt,« meinte Frau Smith, »schlagen wir ihm vor, seinen Arbeitsplatz ganz zu streichen und zu sehen, ob wir dabei überhaupt etwas verlieren. Es ist erstaunlich, wie sehr solche Leute dann plötzlich daran interessiert sind, einen Weg zu finden, um in ihrem Arbeitsbereich Ziele zu definieren und Leistungen zu messen.«

»Können Sie mir ein Beispiel für ein Arbeitsgebiet geben, das Sie mit Hilfe des *Drill*-Systems verbessert haben?«

»Ja,« sagte Frau Smith. »Als ich die Verkaufsabteilung übernommen habe, meinte mein Vorgänger: ›Die Telefonkontakte könnten hier besser sein. Unsere Vertreter machen nur selten ihre Termine mit den Kunden telefonisch aus. Sie glauben, sie müßten ständig auf Achse sein. Aber wenn sie dann zum Kunden kommen, ist der gerade nicht da oder beschäftigt, und will nicht gestört werden. Sie müssen warten, bis er endlich Zeit für sie hat, und vertrödeln den halben Tag im Café. Wenn sie ihre Termine telefonisch ausmachen würden, könnten sie in der Hälfte der Zeit doppelt soviel schaffen.‹

Ich fragte: ›Und woher wissen Sie, daß es an den Telefonkontakten liegt?‹

›Ich hab' einfach das Gefühl, daß es dort im argen liegt. Das war schon immer ein Problem in unserem Betrieb.‹

Dann habe ich gefragt: ›Haben Sie mal die Anzahl der Telefongespräche, die Ihre Vertreter mit den Kunden geführt haben, gezählt? Gibt es irgendwelche genauen Angaben darüber?‹

›Nun,‹ erwiderte er, ›ich könnte natürlich die Telefonjournale prüfen. Jeder Vertreter muß über seine Telefonate täglich Buch führen.‹

Als ich mir die Bücher anschaute, stellte ich fest, daß die Terminabsprache nicht der ›springende Punkt‹ war. Eigentlich waren nur drei Vertreter in dieser Hinsicht ein wenig nachlässig,« stellte Frau Smith fest.

»Wenn man Leistungen also bewertet oder mißt,« warf der erfahrene Manager ein, »versucht man festzustellen, ob wirklich etwas verbessert werden muß, oder ob es sich dabei nur um ein vages Gefühl handelt. Man will ja schließlich nicht etwas ›kitten‹, was gar nicht ›zerbrochen‹ ist.«

»Genau, und dabei ist es ganz nützlich, die Informationen graphisch darzustellen,« erklärte sie und nahm eine Akte von einem Stapel auf ihrem Schreibtisch. »Das ist eines der ersten Diagramme, in denen ich die Telefongespräche von einem meiner Vertreter, Herrn X., festgehalten habe.

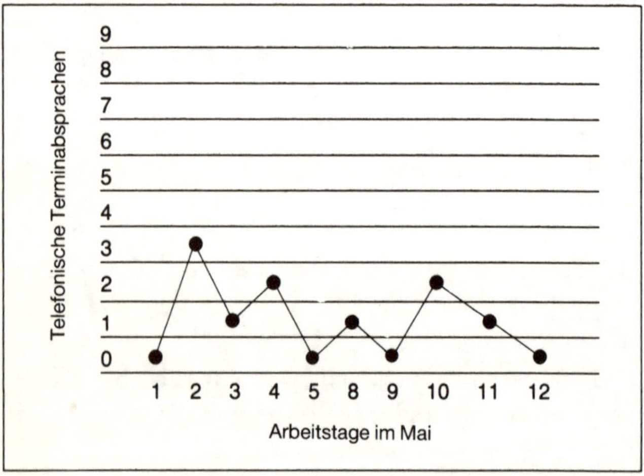

In diesem Diagramm sind der Zeitraum unten bzw. auf der waagerechten Achse und das erwünschte Verhalten an der Seite, das heißt auf der Senkrechten, dargestellt,« fuhr sie fort. »Bei diesem Zeitraum handelt es sich um zwei Wochen im Mai, und bei dem erwünschten Verhalten um die Anzahl der telefonischen Terminabsprachen pro Tag.«

Mitarbeiter informieren

»Als ich das Diagramm gezeichnet hatte, habe ich die durchschnittliche Anzahl der telefonischen Terminabsprachen pro Tag errechnet. Das war in diesem Fall in zwei Wochen durchschnittlich ein Anruf täglich. Ich wußte, hier muß man eingreifen, weil zwischen tatsächlicher und erwünschter Leistung ein krasser Unterschied bestand. Jetzt war mir klar, daß der Zeitpunkt für den Schritt *Informieren* aus unserem *Drill*-System gekommen war.«

»Darauf haben Sie also Herrn X. über sein Leistungsproblem unterrichtet?« fragte der erfahrene Manager.

»Ja,« antwortete Frau Smith,« sobald Sie sicher sind, daß etwas wirklich verbesserungsbedürftig ist, informieren Sie den für diesen Aufgabenbereich zuständigen oder verantwortlichen Mitarbeiter oder den, der die Leistungen auf diesem Gebiet beeinflussen kann, in unserem Fall also Herrn X.«

»Ich könnte mir vorstellen, daß es für Sie – nachdem Sie alle Fakten zusammengestellt und klar erkannt hatten, daß seine Leistungen bei weitem nicht den Erwartungen entsprachen, – eine große Versuchung war, ihn nicht gehörig ›zusammenzustauchen‹ und zu sehen, was dann passiert,« meinte der erfahrene Manager.

»Das kann man wohl sagen,« antwortete Frau Smith. »Aber man muß sich selbst unter Kontrolle haben. Für eine Ermahnung war es entschieden zu früh. Und man sollte auch bedenken, daß Diagramme keine Waffen oder Beweismittel im ›Fall‹ Vorgesetzte kontra Untergebene sind. Sie sollten der Schulung dienen oder als objektive Feedback-Methode eingesetzt werden.«

»Und wie haben Sie Ihren Vertreter nun über das Diagramm aufgeklärt?«

»Ohne subjektives Werturteil,« sagte Frau Smith. »Für mich war es ein Lernmittel. Sie wollen ja, daß der andere etwas lernt und gehen davon aus, daß er auch etwas lernen will. Es gibt hier ein Sprichwort:

Feedback

ist das

tägliche Brot

des

Champions

»Das stimmt,« beteuerte der erfahrene Manager. »Aber sagen Sie mir, wie kann man jemanden wie Herrn X. motivieren, abgesehen davon, daß man ihn genau über seinen Leistungsstand informiert?«

»Man entscheidet gemeinsam über die Stimulantien,« antwortete Frau Smith, »das heißt, man legt genau fest, was von ihm erwartet wird; erst dann kann man davon ausgehen, daß er sein Leistungsniveau verbessert.«

»Worüber sollte man – außer von der Zielsetzung – vorher sonst noch sprechen?« fragte der erfahrene Manager. Er genoß insgeheim die Gelegenheit zu zeigen, was er bereits gelernt hatte.

»Über die Lehr- und Lernmethoden und das Leistungsbeurteilungssystem,« antwortete Frau Smith. »Sie müssen sich darüber unterhalten, auf welche Art Herr X. kontrolliert und seine Leistung beurteilt werden sollen, und was für Vorteile ein Leistungsanstieg für ihn hat.«

»Lassen Sie Ihre Mitarbeiter bei der Zielsetzung immer mitentscheiden?« fragte der erfahrene Manager.

»Ja, in den meisten Fällen,« erwiderte Frau Smith. »*Ein-Minuten-Management ist ohne den Beitrag Ihrer Mitarbeiter nicht durchführbar.* Man würde sonst glauben, daß Sie sie manipulieren wollen. Das gilt besonders für den Zielsetzungsprozeß. Läßt man seine Mitarbeiter daran teilhaben, kann man mit größerem Engagement rechnen. Außerdem ist es viel wahrscheinlicher, daß man ein realistisches Ziel gesetzt hat.«

»Ein realistisches Ziel?« wunderte sich der erfahrene Manager.

»Ein realistisches Ziel ist anspruchsvoll, aber nicht utopisch,« erklärte Frau Smith. »Sie als Manager können es akzeptieren, und Ihre Mitarbeiter sind in der Lage, es zu erreichen. Aber kommen wir doch noch einmal auf Herrn X. zurück. Er hat pro Tag eine telefonische Terminabsprache. Wieviele wären nun für Sie annehmbar? Und wieviele kann Herr X. erreichen?«

»Wieviele macht der beste Vertreter?« fragte der erfahrene Manager.

»Herrn X. mit unseren Top-Leuten zu vergleichen, wäre kein Ansporn für ihn; das würde ihn eher entmutigen,« antwortete sie. »Vergessen Sie nicht: Hier handelt es sich um eine Lernhilfe und nicht um eine Strafe!«

»Was würden Sie denn sagen?« fragte der erfahrene Manager unschlüssig.

»Ich würde ihm vorschlagen: in der nächsten Woche drei Terminabsprachen täglich. Was halten Sie davon?«

»Sie legen also wieder ganz genau Anzahl und Zeitraum fest,« bemerkte der erfahrene Manager.

»Richtig,« pflichtete Frau Smith ihm bei. »Was glauben Sie, was passiert, wenn ich einfach zu Herrn X. sagen würde: ›Ich möchte, daß Sie mehr Terminabsprachen treffen. Was Sie in letzter Zeit geleistet haben, genügt mir nicht.‹?«

»Er würde sicher antworten: ›In Ordnung‹ und das Ganze nicht allzu ernst nehmen.«

»Und deshalb würde ich im Beisein von Herrn X. ein Diagramm anfertigen, so daß er erkennt, daß es mir Ernst ist und weiß, was er im einzelnen zu tun hat, um wieder ›Gnade vor meinen Augen zu finden.‹«

Sie nahm ein anderes Diagramm von dem Stapel auf ihrem Schreibtisch. »Das war Herrn X.' erstes Zielsetzungsdiagramm,« sagte sie, und reichte dem erfahrenen Manager das Blatt.

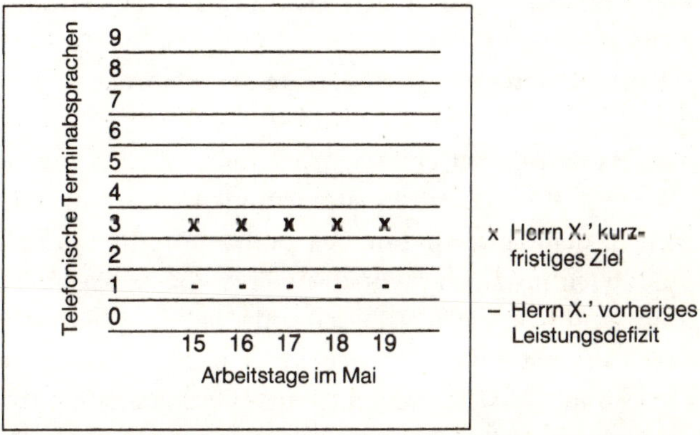

»Sie sehen, wir haben Herrn X.' Leistungsdefizit (ein Anruf pro Tag) und sein kurzfristiges Ziel (drei Anrufe pro Tag) eingezeichnet. So kann er genau den

Unterschied zwischen augenblicklichem und erwünschtem Leistungsniveau sehen,« erklärte Frau Smith.

»Warum haben Sie Herrn X. nicht gesagt, daß er jedes Verkaufsgespräch vorher telefonisch zu avisieren hat?« fragte der erfahrene Manager.

»Das wäre langfristig ein erstrebenswertes Ziel gewesen,« erwiderte Frau Smith. »Man kann aber nicht erwarten, daß jemand die Arbeitsweise, die er sich angewöhnt hat, so schnell wieder ablegt, – genausowenig wie man zehn Kilo pro Tag abnimmt, auch wenn man entschlossen ist, seine Eßgewohnheiten zu ändern. Deshalb war für Herrn X. ein kurzfristiges Ziel, wie zum Beispiel drei Terminabsprachen täglich, das richtige.«

»Ein kurzfristiges Ziel?« fragte der erfahrene Manager.

»Das ist nur der erste Schritt,« meinte Frau Smith. »Wenn Sie ein Leistungssteigerungs-Programm aufstellen, denken Sie daran, das Endziel (in diesem Fall eine telefonische Terminabsprache vor jedem Verkaufsgespräch, das heißt, sechs oder sieben Telefonate pro Tag) erst dann festzulegen, wenn Ihr Mitarbeiter ein Gefühl für seine Leistung entwickelt und eine Anerkennung verdient hat; andernfalls warten Sie vielleicht bis ›zum Jüngsten Tag‹.«

»Ich erinnere mich jetzt an die Methode,« warf der erfahrene Manager ein. »Zu Anfang, wenn es um die Leistung an sich geht, müssen Sie einen Rahmen schaffen, damit Ihre Mitarbeiter etwas annähernd richtig (kurzfristiges Ziel), aber noch nicht ganz richtig (Endziel) machen können.«

»Genau,« lobte Frau Smith. »Der Weg zum ganz Richtigen setzt sich aus einer Reihe von fast richtigen ›Zielpunkten‹ zusammen.«

»Immer nach dem Motto: ›Rom ist auch nicht an einem Tag erbaut worden‹,« schmunzelte der erfahrene Manager. »Das bedeutet, daß Sie den Weg vom augenblicklichen zum gewünschten Leistungsniveau genau verfolgen. Wie macht man das am besten?«

»Indem man den Betreffenden in den Lehr- und Lernprozeß mit einbezieht,« antwortete sie. »Wenn jemand genau weiß, was er tun soll, besteht die Schulung nur mehr darin, die Leistungen zu kontrollieren und das nötige Feedback zu geben. Aber dazu gehört vor allem, daß man schon vorher mit seinen Mitarbeitern zusammen festgelegt hat, wie und wann das Feedback erfolgen soll. Und dieser Schritt gehört zur Informationsphase.«

»Ich könnte mir vorstellen,« unterbrach sie der erfahrene Manager, »wenn das Feedback-System gemeinsam konzipiert worden ist, steigen die Chancen, daß Ihre Mitarbeiter das vorgegebene Ziel erreichen und zu den ›Gewinnern‹ zählen, oder?«

»Richtig,« bestätigte Frau Smith. »Aber ein gutes Feedback-System mit Hilfe von Leistungsdiagrammen aufzubauen ist schwierig, wenn es sich um einen permanenten Schulungsprozeß handelt. Deshalb habe ich mit Herrn X. vereinbart, daß ich in der ersten Woche jeden Tag zu ihm komme, sein Telefonjournal ansehe und mit ihm zusammen seine Leistung in das Diagramm eintrage.«

»Und welche anderen Schulungsmethoden haben Sie außer dem täglichen Besuch noch eingesetzt?«

»Die Leistung jeden Tag bewerten zu müssen ist ziemlich zeitraubend,« antwortete Frau Smith. »Deshalb haben wir abgemacht, uns nach einer Woche wieder zusammenzusetzen; dann konnte Herr X. damit beginnen, sein eigenes Feedback-System zu steuern.«

»Wie bitte?« fragte der erfahrene Manager verblüfft.

»In unserem Fall ging es mir letztlich darum, ein Diagramm für Herrn X. aufzustellen, das er ohne meine Hilfe benutzen konnte. Er mußte nun seine Punkte, Sternchen oder sonstigen Zeichen selbst eintragen.«

»Dann kann er sich sagen: ›Aha, ich bin ja besser geworden!‹ oder ›Jetzt habe ich aber nachgelassen!‹« warf der erfahrene Manager ein. »Er kann sich selbst loben oder ermahnen.«

»Ja,« sagte Frau Smith. »Das selbstgesteuerte Feedback-System hat den Vorteil, daß das Feedback unmittelbar auf die Handlung folgen kann.«

»Und wobei hatte Herr X. sonst noch ein Mitspracherecht?« fragte der erfahrene Manager.

»Bei dem letzten Schritt der ›I-Phase‹ im *Drill*-System; hier geht es darum, die Mitarbeiter bei der Leistungsbeurteilung mit einzubeziehen.«

»Und wie haben Sie das gemacht?« erkundigte sich der erfahrene Manager.

»Als wir das Diagramm aufgestellt hatten, wußte Herr X., daß seine Leistungen beurteilt werden würden; aber damit er sich auch dabei nicht ausgeschlossen fühlte, mußten wir uns überlegen, welche Vorteile eine Leistungssteigerung für ihn haben könnte.«

»Was heißt denn das?« fragte der erfahrene Manager.

»Welche positiven Konsequenzen sich für ihn ergeben, wenn er sein Ziel erreicht,« klärte Frau Smith ihn auf.

»Habe ich Sie richtig verstanden? Sie haben Herrn X. dabei mitentscheiden lassen? Ihm nicht einfach gesagt, was Sie meinen?« staunte der erfahrene Manager.

»Wäre Herr X. nicht einer meiner fähigsten und eifrigsten Mitarbeiter gewesen, hätte ich allein die Art des Feedbacks festgelegt. Aber er selbst wußte am besten, was ihn motivieren würde. Deshalb habe ich ihn gefragt: ›Wie könnte ich Sie dazu anspornen, mehr Terminabsprachen telefonisch zu machen?‹ Er antwortete: ›Wenn ich mein Soll erfüllt habe, schreiben Sie mir doch eine kurze Notiz. Ich sammle solche Sachen. Seit meiner Schulzeit habe ich jedes Empfehlungsschreiben aufgehoben. Aber bitte keinen maschinegeschriebenen Zettel von Ihrer Sekretärin, sondern einen handgeschriebenen von Ihnen!‹

Ich hielt das für eine gute Idee und fragte: ›Was ist, wenn Sie Ihr Soll nicht erfüllen?‹ Er antwortete: ›Dann sagen Sie mir, daß ich einen ›Rüffel‹ verdiene. Sie brauchen ihn wahrscheinlich nicht einmal auszusprechen. Allein schon der Gedanke daran, Sie könnten gemerkt haben, daß ich wieder in meinen alten Trott zurückfalle, wird mich auf die richtige Bahn zurückbringen.‹«

»Haben Sie dann etwa noch wie ein Spürhund verfolgt, wieviele Anerkennungen und Ermahnungen er zu verbuchen hatte?« lachte der erfahrene Manager.

»Das klingt vielleicht komisch,« sagte Frau Smith, »aber genau das habe ich getan. Ich habe über Anerkennungen und Ermahnungen genau Buch geführt, und als ich sah, wie praktisch das war, habe ich für alle meine Mitarbeiter ein ›Lob/Tadel-Buch‹ angelegt.* Dieses Buch enthält eine Namensliste, und dahinter wird ein *L* oder *T* mit einer kurzen Erklärung dazu eingetragen. So bleibe ich dem Ein-Minuten-Management auf der Spur.«

* Ted Fletcher, Manager der Schulungs- und Entwicklungsabteilung bei Nestlé, war, ebenso wie einer seiner Abteilungsleiter, Ed Dippold, ein eifriger Verfechter der Ein-Minuten-Management-Methode. In ihrem Werk in New Jersey wurden sogenannte Lob/Tadel-Bücher für alle Mitarbeiter eingeführt. Dippolds Kommentar: »Alles klappt jetzt vorzüglich. Trotz Gewerkschaft und Schichtwechsel bei den Vorarbeitern ist die Kommunikation klar und offen geblieben.«

Lehren und Lernen

»Das leuchtet mir ein,« meinte unser erfahrener Manager. »Also, bevor die Lehr- und Beurteilungsphase beginnt, sollten die Konsequenzen, die sich nach Erreichen des Ziels ergeben, während der Informationsphase – also in Schritt ›I‹ unseres *Drill*-Systems – gemeinsam festgelegt werden.«

»In unserem Fall,« fuhr Frau Smith fort, »wußte Herr X., wie das (kurz- und langfristige) Ziel aussah, wie ich ihn kontrollieren bzw. schulen und wie seine Leistung bewertet werden würde; er wußte außerdem, was er künftig bei guten bzw. schlechten Leistungen zu erwarten hatte.«

»Und nachdem jetzt alles klar war,« unterbrach sie der erfahrene Manager, »war Herr X. motiviert, mehr telefonische Terminabsprachen als bisher zu treffen?«

»Ja,« bekräftigte Frau Smith. »Und von diesem Zeitpunkt an ging es nicht mehr darum, gemeinsam Entscheidungen wegen der notwendigen Stimulantien zu treffen, sondern darum, seine Leistungen zu verfolgen und die Konsequenzen zu steuern.«

»Das ist das ›A‹ und ›O‹ bei jeder Art von Schulung,« beteuerte der erfahrene Manager. »Man muß das Verhalten beobachten und das nötige, sowohl positive wie negative, Feedback liefern. Und hier beginnt also der

Punkt ›L‹, die Lehr- und Lernphase im *Drill*-System.«

»Sie haben es erraten. Hier können Sie einmal sehen, wie Herr X. sich verbessert hat. Das ist sein Diagramm von der ersten Woche.

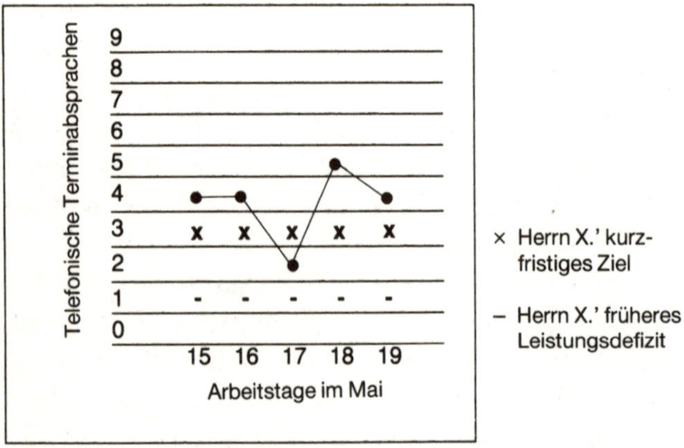

»Das ist toll,« rief unser erfahrener Manager aus. »Er hat sein Soll – bis auf den dritten Tag – immer überschritten. Und wann haben Sie mit ihm über seinen Leistungsanstieg gesprochen? Während des geplanten Meetings am Ende der Woche?«

»Oh nein,« entgegnete Frau Smith. »Denken Sie daran, das Feedback sollte grundsätzlich möglichst schnell und spezifisch erfolgen. Ein vager und verspäteter Datenfluß ist keine effektive Schulungsmethode. Und außerdem hatte ich ja mit Herrn X. vereinbart, während der ersten Woche täglich zu ihm zu gehen, sein Telefonjournal zu kontrollieren und gemeinsam mit ihm sein Leistungsniveau einzutragen.«

»Und wie spezifisch sind Sie gewesen?« fragte der erfahrene Manager.

»Ich habe gesagt: ›Geschafft! Sie haben Ihr Soll um einen Anruf überschritten‹ oder ›Sie haben einmal weniger telefoniert als vorgesehen‹. Wenn das Ziel erst einmal feststeht, bezieht sich das Feedback nur darauf.«

»Aha, jetzt ist mir klar, wie das tägliche Feedback abgelaufen ist,« meinte der erfahrene Manager. »Aber was passierte beim Meeting am Ende der Woche, als zur Debatte stand, ob er von jetzt an sein eigenes Feedback steuern könnte?«

»Ich war mit Herrn X.' Fortschritten in der ersten Woche sehr zufrieden,« erzählte Frau Smith. »Deshalb war ich auch nur allzu gerne bereit, mir seine Vorschläge über die Art der Leistungsbewertung und des geeigneten Feedback-Systems anzuhören. Vergessen Sie nicht: Mit den Fortschritten, die Ihre Mitarbeiter machen, sollten Sie Ihnen auch nach und nach die Verantwortung übertragen, die eigenen Leistungen zu kontrollieren.«

»Herr X. war sich über seine Bedürfnisse völlig im klaren,« fuhr Frau Smith fort. »Er sagte zu mir: ›Wenn ich alles alleine machen muß, fühle ich mich im Stich gelassen. Aber ich möchte auch nicht, daß Sie jeden Tag bei mir auftauchen; das macht mich nur nervös. Nächsten Monat könnte ich ja das Diagramm selbst vervollständigen, und Sie kommen freitags zum Kontrollieren. Sollte ich zwischendurch Hilfe brauchen, komme ich zu Ihnen.‹«

»Sie haben also eine neue Vereinbarung mit ihm getroffen,« sagte der erfahrene Manager. »Und die galt vermutlich solange, bis er sich in diesem Punkt bewährt hatte?«

»Richtig. Ich muß meinen Leuten nur dann ständig ›auf die Finger schauen‹, wenn es absolut notwendig ist. Sobald sie selbständig arbeiten können, ›lockere‹ ich die ›Zügel‹. Je näher Ihre Mitarbeiter während der Ausbildungszeit an das gewünschte Leistungsziel herankommen, desto weniger Beurteilungsgespräche sind nötig. Wir haben hier übrigens einen Ausspruch, den Sie sich einprägen sollten:

Bei der

Leistungssteigerung

ist auch

der Weg,

nicht nur

das Ziel

wichtig

Leistungen beurteilen

»Das ist ausgezeichnet formuliert,« lobte der erfahrene Manager. »Viele Manager geben kommentarlos ein bestimmtes Ziel vor, und dann legen sie ›die Hände in den Schoß‹ und warten darauf, daß ihre Leute dieses Ziel erreichen. Das *Drill*-System ist deshalb so nützlich, weil man hier davon ausgeht, daß ›Lehren‹ und ›Lernen‹ ein Prozeß ist, den Weg zum Ziel zu steuern. Ich bin jetzt soweit, zur Leistungsbeurteilung, also Schritt ›L‹, dem letzten Punkt im *Drill*-System, überzugehen. Sie auch?«

»Ja, warum nicht?« antwortete Frau Smith. »Schließlich gehen Leistungsbeurteilung und Lehren und Lernen ja Hand in Hand. Es steht fest, daß jedes Feedback auch eine Beurteilung enthält. Sie wollen ja ständig genau wissen, wie der Leistungsstand Ihrer Leute in bestimmten Bereichen aussieht. Werden die gewünschten Resultate erzielt? Und wenn nicht, woran liegt das?«

»Wenn Leistungsbeurteilung und Lehren und Lernen so eng miteinander verbunden sind,« warf der erfahrene Manager ein, »warum ist die Leistungsbeurteilung dann ein gesonderter Schritt im *Drill*-System?«

»Weil die meisten Unternehmen formale Leistungsbewertungsgespräche ansetzen,« antwortet Frau

Smith. »Diese Gespräche finden vierteljährlich, halbjährlich oder einmal im Jahr statt. In unserem *Drill*-System empfehlen wir aber, Leistungen in spezifischen, an Ein-Minuten-Zielen orientierten Aufgabenbereichen, schriftlich zu fixieren und zu verfolgen, und spätestens alle sechs Wochen ein formales Leistungsbewertungsgespräch zu führen – bis sich erwiesen hat, daß der betreffende Mitarbeiter zu den ›Gewinnern‹ gehört.«

»Und worum geht es in diesen Gesprächen?« erkundigte sich der erfahrene Manager.

»Eigentlich um nichts Neues,« antwortete Frau Smith. »Wir reden hauptsächlich noch einmal über das, was schon in der Lernphase gesagt wurde. Das gibt uns Managern die Möglichkeit, Fortschritte auch formal anzuerkennen, künftige Strategien auszuarbeiten und Fragen zu klären, wie zum Beispiel: ›Kann ich die Steuerung des *Drill*-Systems von jetzt an meinen Mitarbeitern überlassen oder brauchen sie noch meine Hilfe?‹«

»Die Beurteilung wird im *Drill*-System als kontinuierlicher Prozeß gesehen,« überlegte der erfahrene Manager,« aber ich habe nicht das Gefühl, daß es sich dabei um einen Strafakt handelt. Ein Ein-Minuten-Manager versucht nicht, seinen Leuten ›ein Bein zu stellen‹.«

Frau Smith erwiderte: »David Berlo, einer der besten Lehrer und Unternehmensberater, hat mir einmal ein besonders einprägsames Beispiel für diese Philosophie genannt. Er interessierte sich damals besonders für das Trainingsprogramm von Walen. Er hat mehrere Waltrainer in Florida gefragt, ob sie beim Unterricht tatsächlich auch einige der Lehrmethoden anwenden, über die wir hier gesprochen haben. Sie sagten: ›Ja, aber mit einem Zusatz.‹«

»Mit welchem?« fragte der erfahrene Manager gespannt.

»Die Trainer erzählten Berlo: ›Bevor wir den Walen irgendetwas beizubringen versuchen, werden sie gefüttert, so daß wir ganz sicher sein können, daß sie nicht hungrig sind. Dann springen wir ins Wasser und spielen mit ihnen, bis wir sie überzeugt haben ...‹«

»Wovon?« unterbrach sie der erfahrene Manager.

»Ich schreibe es Ihnen auf,« sagte Frau Smith, »weil dieser Satz den Kern der Ein-Minuten-Management-Methode darstellt.« Sie nahm den Notizblock unseres erfahrenen Managers und schrieb:

Wir wollen

niemandem

Schaden

zufügen

»Das ist eine tiefsinnige Aussage,« meinte der erfahrene Manager nachdenklich. »Hier geht es um Vertrauen, nicht wahr?«

»Ganz genau,« bestätigte Frau Smith. »David Berlo schreibt gerade ein Buch mit dem Titel *Wir wollen niemandem Schaden zufügen*, weil er der Meinung ist, daß bei den meisten Leistungsbewertungs- und Leistungsüberprüfungssystemen ein völlig gegensätzlicher Standpunkt vertreten wird.«

»Jetzt, wo Sie es erwähnen, fällt es mir auch auf. In fast allen Leistungsbeurteilungssystemen gibt es die Kategorie der ›Gewinner‹ und der ›Verlierer‹.«

»Und diese Anschauung paßt einfach nicht zur Ein-Minuten-Management-Philosophie,« sagte Frau Smith.

»Wenn Sie Leistungen im Sinne der *Drill*-Methode beurteilen, geht es nur darum, herauszufinden, ob die gewünschten Resultate erzielt worden sind. Hatten sie Erfolg, können Ihre Leute mit Lob und Anerkennung rechnen. Wenn nicht, erhalten sie neue Instruktionen oder werden ermahnt, je nachdem, ob das Leistungsdefizit auf mangelnde Fähigkeiten oder unzureichende Motivation zurückzuführen ist. Gibt es noch andere Gründe dafür, daß Leistungserwartungen nicht erfüllt werden?«

»Bei der Ausführung bestimmter Aufgaben kann es in jeder Phase des *Drill*-Systems zu Pannen kommen,« erklärte Frau Smith. »Vielleicht haben Sie einen völlig unwichtigen Aufgabenbereich definiert; oder die notwendigen Informationen nicht klar genug übermittelt, das Ziel zu hoch oder zu niedrig angesetzt; die Art des Feedbacks führt vielleicht zu Mißverständnissen, oder die Konsequenzen, die sich aus den jeweiligen Leistungen ergeben, reichen nicht aus, um jemanden zu motivieren.«

»Also ist es größtenteils Ihre Aufgabe, dafür zu sorgen, daß Ihre Mitarbeiter etwas leisten,« sagte der erfahrene Manager.

»Absolut richtig. Ein Manager darf sich nicht einfach ›auf die faule Haut legen‹, einen strengen Blick aufsetzen und seine Leute ›scheuchen‹. Man muß selbst mitanpacken und erst einmal die Voraussetzungen dafür schaffen, daß etwas geleistet werden kann.«

»Man muß Augen und Ohren offen halten,« unterbrach sie der erfahrene Manager. »Ich könnte mir vorstellen, daß Sie oft zum Punkt ›D‹, dem *Definieren* zurückkehren und noch einmal ganz von vorne beginnen müssen. *Drill* ist ein kontinuierlicher Prozeß, oder?«

»Ja,« pflichtete Frau Smith ihm bei. »Deshalb stellen wir das *Drill*-System auch gerne wie eine Wählscheibe dar: Sehen Sie, dort, auf dem Schaubild an der Wand!«

Das Drill-System: Zusammenfassung

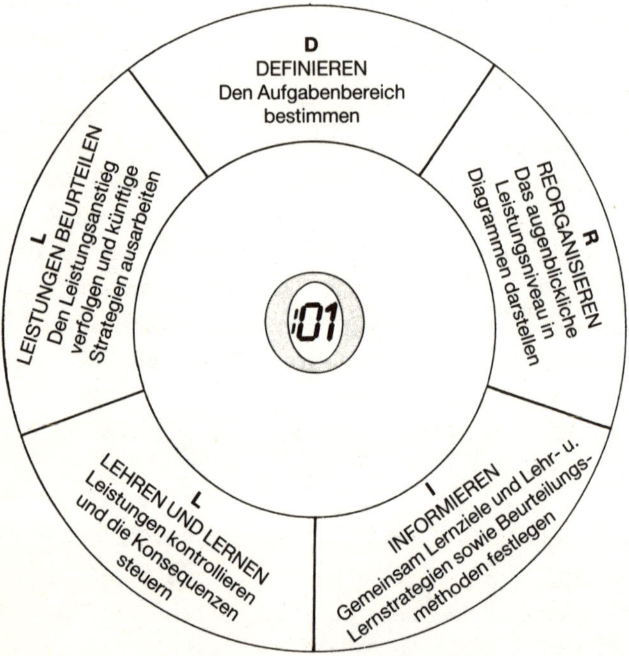

»Das ist phantastisch,« rief der erfahrene Manager aus.

»Und noch etwas,« fuhr Frau Smith fort, »mit dem *Drill*-System lassen sich fast alle Lebensbereiche perfektionieren: Es ist zum Beispiel zu empfehlen, wenn Sie abnehmen oder intensiver Sport treiben wollen, wenn Ihre Kinder Probleme mit den Hausaufgaben haben oder ihre schulischen Leistungen zu wünschen übrig lassen, oder wenn Ihre guten Vorsätze in der Silvesternacht nicht wieder leere Versprechen bleiben sollen.«

»Und mir ergibt sich damit die Gelegenheit, meine Kenntnisse im Ein-Minuten-Management systematisch in die Praxis umzusetzen,« sagte der erfahrene Manager.

»Das *Drill*-System ist der Motor unserer Leistungsfähigkeit,« erklärte Frau Smith.

»Hat sich schon einmal jemand dem *Drill*-System widersetzt?« fragte der erfahrene Manager.

»Warum sprechen Sie nicht mit dem Ein-Minuten-Manager über Hank?« meinte Frau Smith lächelnd, als sie aufstand und ihren Besucher zur Tür begleitete.

»Ja, das werde ich tun. Ich habe Sie sowieso schon viel zu lange aufgehalten,« erwiderte unser erfahrener Manager. »Unser Gespräch hat mir sehr geholfen, und ich danke Ihnen dafür, daß Sie mir so bereitwillig Ihre Geheimnisse anvertraut haben.«

»Geheimnisse sind es nur deshalb, weil die meisten so tun, als hätten sie nie davon gehört,« entgegnete Frau Smith. »Dabei muß man doch nur seinen gesunden Menschenverstand gebrauchen.«

Hank drängt zum Drill

Auf dem Weg zum Büro des Ein-Minuten-Managers überlegte der erfahrene Manager, wie zutreffend der Satz ›Man muß nur seinen gesunden Menschenverstand gebrauchen‹ war.

Der Ein-Minuten-Manager begrüßte ihn mit einem herzlichen Lächeln. »Das *Drill*-System hat es in sich, nicht wahr?« fragte er.

»Das kann man wohl sagen,« gab der erfahrene Manager zu. »Aber es hat alles ›Hand und Fuß‹. Ich habe übrigens noch eine Frage. Wer ist Hank?«

Der Ein-Minuten-Manager begann zu lachen. »Ich habe mir schon gedacht, daß es nur eine Frage der Zeit ist, bis der Name ›Hank‹ auftaucht. Bitte, setzen Sie sich doch, da redet es sich leichter.

Als ich hier anfing, hat Steve Mulvany, ein Unternehmensberater, der sich auf Leistungssteigerungsprogramme spezialisiert und eng mit unserer Firma zusammengearbeitet hat, Hank erstmals erwähnt. Er gab mir den Rat: ›Achten Sie auf Hank, wenn Sie Ihre Vorarbeiter mit der Ein-Minuten-Management-Methode vertraut machen. Er ist eine ›harte Nuß‹. Ich hatte den Eindruck, daß es ebenso schwierig sein würde, Hank zum Ein-Minuten-Management zu bekehren, wie ein wutschnaubendes Rhinozeros dazu zu bringen, seine Angriffslust zu bremsen.

Es kursierten damals viele Geschichten über Hank. Er war seinerzeit schon fast eine Legende. Man hatte mir zum Beispiel erzählt, daß er eines Morgens so wütend auf einen seiner Arbeiter war, daß er ihn buchstäblich (und das ist die Wahrheit – Hank hat es mir später selbst bestätigt) auf den Arm genommen und an seinem Overall an einen Nagel gehängt hat, wo der Arme bis zur Mittagspause schmoren mußte.«

»Wer macht denn so etwas?« empörte sich der erfahrene Manager.

»Hank. Er ist fast zwei Meter groß und ein Muskelprotz dazu. Wenn er am Konferenztisch an der Schmalseite sitzt, braucht er den ganzen Platz für sich. Seine Arme sind so dick wie meine Oberschenkel. Sein Kopf sitzt direkt auf den Schultern – es sieht so aus, als hätte er überhaupt keinen Hals.«

»Scheint kein besonders attraktives Exemplar der Gattung Mensch zu sein,« murmelte der erfahrene Manager.

»Nein, das ist er, bzw. war er wohl wirklich nicht,« stimmte der Ein-Minuten-Manager zu. »Hinzu kam noch, daß seine Augen immer blutunterlaufen waren und daß er eine bellende Stimme und einen Gang wie ein Bär hatte.

Ich lernte ihn bei einem Seminar kennen,« fuhr der Ein-Minuten-Manager fort. »Als ich die Ein-Minuten-Management-Methode in unserem Betrieb eingeführt habe, blieb fast die gesamte Schulung mir überlassen. Ich war am ersten Morgen etwas früher im Schulungsraum als die anderen und ordnete gerade das Lehrmaterial, als ich plötzlich das Gefühl hatte: ›Ich werde beobachtet‹. Ich drehte mich um, und da saß Hank mutterseelenallein am anderen Ende des Konferenzraumes.«

»Und woher wußten Sie, daß er es war?« fragte der erfahrene Manager.

»Ich wußte es einfach,« antwortete der Ein-Minuten-Manager. »Ganz sicher war ich mir dann, als er mein Lächeln nicht erwiderte. Er sah einfach durch mich hindurch.«

»Wie haben Sie reagiert?« unterbrach ihn der erfahrene Manager. »Ich habe schon wieder das Gefühl, mitten in einem Melodrama gelandet zu sein.«

»Noch gar nicht,« entgegnete der Ein-Minuten-Manager. »Aber ich wußte, daß er jede meiner Bewegungen verfolgte, zumindest konnte ich das spüren.

Zu Beginn saß er ganz still da, bis ich sagte: ›Einer der Schlüsselfaktoren für die Motivierung Ihrer Mitarbeiter besteht darin, daß Sie bemerken, wenn Ihre Leute etwas richtig machen. Wie sollten Sie als Chef darauf reagieren?‹ Alle waren für Lob und Anerkennung, außer Hank.«

»Woher wußten Sie das,« fragte der erfahrene Manager.

»Hank hob die Hand und ich dachte mir: ›Na ja, jetzt kannst du einpacken‹. Er meinte: ›Ich möchte Ihnen nur sagen, daß ich mit Strafen arbeite – und damit Erfolg habe.‹

Ich schaute ihn an und dachte: ›Kein Wunder.‹ Was sagt man zu jemandem wie Hank? Wenn er damals behauptet hätte, der Himmel sei grün, hätte ich ihm vermutlich auch nicht widersprochen.

Nachdem ich mich gefaßt hatte, sagte ich: ›Das ist interessant. Vielleicht erklären Sie uns einmal, welche Vorteile Ihrer Meinung nach eine Bestrafung hat?‹

Er antwortete: ›Bitte. Die Methode ist einfach, wirkt schnell und gibt mir ein gutes Gefühl.‹

Wenn man ihn so betrachtete, gab es keinen Zweifel an der Wirksamkeit seiner Methode. Dann fragte ich ihn: ›Hat es auch Nachteile, wenn man zuviel straft?‹

Hank schüttelte den Kopf. ›Mir fällt nichts ein.‹

Ich sagte: ›Ich kann mir vorstellen, daß sich zuviele Strafen auf drei Faktoren negativ auswirken: auf das Leistungsniveau, auf die Anwesenheit am Arbeitsplatz und auf die Fluktuationsrate im Betrieb.‹

Hank starrte mich an, denn er wußte genau, woran ich dachte. Seine Abteilung hatte das niedrigste Leistungsniveau im ganzen Betrieb. Wenn er darauf angesprochen wurde, brachte er Entschuldigungen wie ›Ich hab' die schlimmste Abteilung‹ oder ›Ich hab' die Zusatzschicht, die bekanntlich immer wenig produktiv ist.‹

Anwesenheit – bei Hank fehlten ständig 20% der Leute, so daß an den meisten Tagen nur acht von zehn zur Arbeit erschienen. In der Personalabteilung wurde schon darüber gewitzelt, daß ohne Hanks Leute eine Bürokraft bestimmt arbeitslos wäre. Aber so gab es genug mit seiner Schicht zu tun: mit Versetzungsgesuchen, Kündigungen und Neueinstellungen.

Die Fluktuationsrate – seine Abteilung hatte die höchste im ganzen Werk. Aber er meinte nur dazu: ›Ich leite die schlimmste Schicht, die es bei uns gibt, da möchte jeder raus.‹

Als nicht mehr zu übersehen war, daß ich ihn am ›Haken‹ hatte, sagte Hank: ›Na gut, Chef. Dann sagen Sie mir doch mal, was ich mit solchen Faulpelzen wie jenen in meiner Abteilung machen soll? Die arbeiten nur, um Geld für ihren Schnaps zu haben. Ich kann sie allesamt nicht leiden – was wohl auf Gegenseitigkeit beruht.‹

Ich sagte: ›Hank, Sie glauben vielleicht, daß diese Kurse Zeitverschwendung sind. Aber wollen Sie mir nicht wenigstens eine Chance geben?‹

›Okay,‹ meinte Hank, ›Aber ich garantiere für nichts!‹

Nachdem ich erklärt hatte, daß es zu Beginn jedes Leistungssteigerungsprogramms notwendig sei, den Problembereich genau zu definieren und das augenblickliche Leistungsniveau schriftlich zu fixieren, begann ich, über die Bedeutung der täglichen Computerausdrucke für die Kontrolle des Leistungsanstiegs und das daraus resultierende Feedback zu sprechen. Unsere Vorarbeiter haben nämlich ausgezeichnete Möglichkeiten, sich über den Leistungsstand ihrer Leute zu informieren.«

»Was hat Hank während Ihres Vortrags getan?«

fragte der erfahrene Manager.

»Er saß mit ausdruckslosem Gesicht und verschränkten Armen völlig regungslos da.

Deshalb war ich ziemlich überrascht, als er nach dem Vortrag zu mir kam und sagte: ›Hören Sie, ich halte das alles für überflüssig. Aber ich möchte bessere Leistungen in meiner Abteilung sehen. Haben Sie da vielleicht eine Idee?‹

›Sie bekommen doch jeden Tag einen Computerausdruck über die Betriebsleistung Ihrer Maschinen vom Tag zuvor,« erwiderte ich. ›Und da jeweils ein Mann eine Maschine bedient, könnten Sie doch feststellen, was er geleistet hat. Sie sollten für jeden ein Diagramm zeichnen, in das Sie morgens regelmäßig die Leistungskurve eintragen; dann gehen Sie zu den einzelnen Leuten und zeigen ihnen ihren Leistungsstand vom Vortag. Mehr will ich gar nicht von Ihnen!‹

›Einverstanden,‹ versprach Hank. ›Ich versuch's, obwohl ich mir nicht viel davon verspreche.‹

Am nächsten Tag ging ich nach unten, um zu beobachten, was passieren würde,« fuhr der Ein-Minuten-Manager fort. »Hank holte sich den Computerausdruck und übertrug die Informationen für seine Leute auf Diagramme. Dann ging er zum ersten und herrschte ihn an: ›Ihren Kommentar können Sie sich sparen! Schauen Sie sich das nur an!‹ Er zeigte dem Mann seine Leistungsquote.

Ich dachte mir: ›Das gibt eine Katastrophe!‹ und schlug Hank deshalb vor, das Diagramm zu zeigen und nur zu sagen: ›Ihre Leistungsquote lag gestern bei 86%, bzw. 94% oder 75% usw.‹

Er hielt sich an meinen Rat. Der nächste Mann antwortete ihm daraufhin: ›Lassen Sie mich ja in Frieden, sonst schalte ich die Gewerkschaft ein. Den Blödsinn da können Sie vergessen! Wir wollen nur unsere Ruhe; schließlich haben Sie sich ja bisher auch nicht um uns gekümmert, nur wenn wir was falsch gemacht haben, war der Teufel los! Also, verschwinden Sie, Mann!‹

Hank beklagte sich bei mir: ›Ich hab' Ihnen ja gleich gesagt, die können mich nicht ausstehen.‹

Ich bat ihn, nicht aufzugeben, und Hank zeigte seinen Leuten weiterhin ihre Diagramme, obwohl es ihm schwerfiel, weil man ihm die kalte Schulter zeigte. Aber nach ungefähr vier Tagen sahen die ersten nicht mehr weg, weil sie spürten, daß sie mit Hilfe dieser Informationen in der Lage waren, ihre eigenen Leistungen während der Woche miteinander zu vergleichen.«

»Habe ich das jetzt richtig verstanden?« fragte der erfahrene Manager. »Sie haben ihre eigenen Leistungen miteinander verglichen, und sie nicht im Vergleich zu den Leistungen der anderen bewertet?«

»Richtig,« antwortete der Ein-Minuten-Manager. »Wir glauben, daß es wesentlich konstruktiver ist, wenn unsere Mitarbeiter sich selbst und ihren eigenen Leistungsstandard zu übertreffen versuchen, als wenn sie sich gegenseitig Konkurrenz machen.«

»Und was passierte dann?« wollte der erfahrene Manager wissen. Er war gespannt, wie es mit Hank weitergegangen war.

»Hank hat seinen Leuten gesagt: ›Hört mal zu, ich habe es satt, euch jeden Morgen mit den Diagrammen nachzulaufen. Von jetzt an komme ich nur noch zu denen, die 85% und mehr erreichen; der Rest hat es nicht verdient, überhaupt mit mir zu sprechen.‹«

»Wollen wir doch mal sehen, wie diese Geschichte in das *Drill*-System paßt,« schlug der erfahrene Manager vor. Damit, daß Hank seinen Leuten mitteilte, daß er das Leistungsniveau anheben wolle, hat er das Problem definiert. Das ist Punkt ›D‹. Als er die Diagramme mit Hilfe der Computerausdrucke eingeführt hat, war das Schritt ›R‹, für Reorganisieren. Dann hat er seinen Leuten ihre Leistungskurven gezeigt; das war die ›I‹-Phase, obwohl er dabei meiner Meinung nach ein wenig zu autoritär vorgegangen ist. Und als er nur noch mit den Leuten sprechen wollte, die 85% oder mehr erreichen würden, hat Hank – wie mir scheint – die Konsequenzen in den Griff bekommen und mit der eigentlichen Schulung angefangen. Das wäre das ›L‹ für Lehren und Lernen. Und diese Entscheidung zeigt, daß er seine eigenen Beurteilungskriterien zugrunde gelegt hat, womit wir beim zweiten ›L‹ angekommen wären.«

»Alle Achtung,« lobte der Ein-Minuten-Manager. »Sie haben Ihre Lektion über das *Drill*-System erstaunlich schnell gelernt.«

»Es ist ja auch alles so einfach und klar,« wehrte der erfahrene Manager ein wenig verlegen ab.

»Das war schon ein Bild, wie Hank von einem zum anderen ging und an denen, die die Quote nicht geschafft hatten, wortlos, ohne ihnen ihre Diagramme zu zeigen, vorbeiging. Der Ausdruck auf dem Gesicht dieser Leute ›sprach Bände‹. Man hätte glauben können, Hank hätte sie hinterrücks erstochen.«

»Da kamen wohl ziemlich schnell alle auf 85%, oder?« warf der erfahrene Manager ein.

»Das können Sie mir glauben,« sagte der Ein-Minuten-Manager. »Nach einer Woche rief Hank sie wieder zusammen und sagte: ›Ich komme jetzt nur noch zu denen, die 95% bringen!‹ Ganz erstaunlich, wie die Leistungskurve stieg.«

»Seltsam, wo Hank ihnen doch lediglich ein paar Informationen gegeben hat,« überlegte der erfahrene Manager.

»Ja, nicht wahr?« meinte der Ein-Minuten-Manager. »Er hat nicht gesagt: ›Ihr wart gut‹ oder ›Ihr wart schlecht‹. Allein die Tatsache, daß Hank zu Ihnen an die Maschinen kam, war wichtig.

Das ging eine Zeitlang so weiter. Ungefähr nach einem Monat gab er jedem sein eigenes Diagramm und ging nicht mehr an die Maschinen; aber er legte die Computerausdrucke für jeden sichtbar auf seinen Schreibtisch. Und ich sage Ihnen, neun von zehn Leuten gingen in der Pause rüber, schauten sich an, wie sie abgeschnitten hatten und übertrugen die Daten von sich aus auf ihre Diagramme.

Dann zeichnete er einen roten Kreis um die Namen der Leute, die 95% geschafft hatten. Können Sie sich das vorstellen? Für diese harten Burschen gab es plötzlich nur noch ein Gesprächsthema: Wer hat heute einen roten Kreis? Für sie war das etwas ganz Besonderes.«

»Und wie war die Gesamtleistung von Hanks Schicht?« fragte der erfahrene Manager.

»Die Leistungen stiegen steil an. Gleichzeitig gab es weniger Fehlzeiten und Verspätungen. Hanks Kollegen konnten es kaum glauben; sie dachten, er würde die Daten ›frisieren‹. Ich wußte, daß das nicht stimmte, weil ich sie die ganze Zeit über kontrolliert hatte.«

»Was hat er dann gemacht?« erkundigte sich der erfahrene Manager.

»Eines Tages trommelte er seine Leute zusammen und sagte: ›Ihr habt euch wirklich gewaltig gesteigert. Ich mach' euch ein Angebot: Meine Frau backt das beste Brot weit und breit. Wenn ihr morgen alle 100% erreicht, gibt's übermorgen in der Frühstückspause selbstgebackenes Brot.‹

Ich war selbst nicht dabei, aber ich habe durch Flüsterpropaganda davon gehört. Deshalb bin ich zu ihm gegangen und habe ihn zur Rede gestellt: ›Hank, was haben Sie sich denn dabei gedacht? Selbstgebackenes Brot als Ansporn? Das soll doch wohl ein Witz sein?‹

Er meinte: ›Das glauben Sie! Wir werden ja sehen, wer recht hat!‹

Und ich sagte daraufhin: ›Okay, machen sie, was Sie

wollen. Ist ja ohnehin nicht mehr zu ändern.‹

Hank machte nicht einmal einen Kontrollgang,« fuhr der Ein-Minuten-Manager fort. »Seine Leute überwachten sich selbst. Wenn zum Beispiel jemand seine Maschine verließ, um etwas zu holen oder irgendetwas anderes zu tun, schrie schon irgendeiner: ›He, was machst du denn da? Los, an die Arbeit!‹«

»Und haben alle 100% erreicht?« wollte der erfahrene Manager wissen.

»Alle, ohne Ausnahme. Am nächsten Tag brachte Hanks Frau in der Frühstückspause ihr selbstgebackenes Brot. Wie das geduftet hat! Es ging weg wie ›warme Semmeln‹.

Ich fand Hanks Idee ausgezeichnet und wollte das gleiche auch mit anderen Abteilungen ausprobieren.

Deshalb rief ich meine anderen Vorarbeiter zusammen und erklärte ihnen, daß ich bereit sei, für jede Schicht, die an einem bestimmten Tag 100% schaffen würde, das Frühstück zu spendieren.«

»Was hielten die davon?« fragte der erfahrene Manager.

»Sie waren einverstanden,« antwortete der Ein-Minuten-Manager. »Wir ließen dann Essensmarken drucken, die an der ›Tankstelle‹ eingelöst werden konnten.«

»Wo?« fragte der erfahrene Manager.

»So nennen wir unsere rollende Imbißstube, die täglich von Betrieb zu Betrieb fährt. Sie können dort ein so gutes Frühstück kaufen, daß kaum jemand sich noch etwas von Zuhause mitnimmt.

Ich fand diese Idee gut, aber meine Arbeiter waren da ganz anderer Meinung. Sie wurden sogar richtig aggressiv. Ich bekam zum Beispiel zu hören: ›Einfach lächerlich!‹ Die Firma verdient jetzt durch uns einen Tausender mehr – und uns wollen sie mit einem ›Trinkgeld‹ abspeisen! Das ist eine Unverschämtheit!‹«

»Was geschah dann?« fragte der erfahrene Manager.

»Ich war völlig verwirrt; deshalb ließ ich Hank kommen.«

»Hank berät also jetzt das Topmanagement?« lachte der erfahrene Manager.

»Ich habe mich zu der Einsicht durchgerungen, daß ich seine Hilfe brauchte,« gab der Ein-Minuten-Manager widerwillig zu.

»Und was hielt er von dem Programm?«

»Er hatte dabei nicht mitgemacht,« antwortete der Ein-Minuten-Manager. Er war sogar der Sprecher der ›Gegenpartei‹. Deshalb wollte ich unbedingt mit ihm reden – ich wollte herausfinden, was er davon hielt.

Als er in mein Büro kam, fragte ich ihn: ›Sagen Sie mal, Hank, warum sind Sie gegen die Essensmarken?‹

Hank kam näher, sah mich finster an und sagte vorwurfsvoll: ›Sie haben versucht, die Leute zu bestechen. Sie haben ihnen ein paar Mark für die ›Tankstelle‹ angeboten, um noch mehr aus ihnen ›herauszuholen‹. Wir sind alle verdammt sauer und fühlen uns ausgenutzt und auf den Arm genommen, damit Sie's genau wissen!‹

Dann machte er eine Pause und starrte mich lange an. ›Und ich will Ihnen noch was sagen,‹ knurrte er. ›Sie sind Spitze. Das war wirklich ein sauberes Stück Arbeit, als Sie die Ein-Minuten-Management-Methode eingeführt haben. Das haben Sie doch gar nicht nötig, Bestechung und so ...‹

Dann lächelte er und fügte hinzu: ›Und wie finden Sie meine Ein-Minuten-Ermahnung?‹

Ich muß zugeben, daß ich mich damals nicht besonders wohl in meiner Haut gefühlt habe,« gab der Ein-Minuten-Manager zu.

»Nachdem ich meine Fassung wiedergewonnen hatte, sagte ich: ›Ich sehe jetzt ein, daß ich einen Fehler gemacht habe. Aber was war denn anders bei Ihnen und Ihrem Brot?‹

›Das hat meine Frau selbst gebacken. Dabei ging's um etwas ganz Persönliches. Aber Sie haben uns fünf Mark für die ›Tankstelle‹ geboten. Das ist Bestechung und eine Beleidigung für uns.‹

›Meine Essensmarken waren also eine Beleidigung, weil sie unpersönlich waren und ich dabei keine Gefühle investiert habe?‹ fragte ich.

›Richtig,‹ meinte Hank. ›Sie haben wirklich phantastische Arbeit mit der Einführung des Ein-Minuten-Managements und der Drei Goldenen Regeln geleistet. Und die meisten von uns unterwerfen sich freiwillig dem *Drill*-System. Die Leute, die für Sie arbeiten, gehören zu den Gewinnern. Deshalb sollten Sie sie nicht enttäuschen und wie Hunde behandeln, denen Herrchen gnädigst einen Knochen zukommen läßt.‹

›Ich weiß, was Sie meinen, Hank,‹ erwiderte ich, ›und ich danke Ihnen für Ihre Offenheit.‹

›Schon in Ordnung,‹ meinte Hank. ›Ich habe viel von Ihnen gelernt. Warum sollten Sie nicht auch einmal etwas von mir lernen?‹

Wir lächelten und gaben uns die Hand.«

»Ihr Hank ist schon ein bemerkenswerter Typ, stimmt's?«* sagte der erfahrene Manager.

»Das kann man wohl sagen,« pflichtete der Ein-Minuten-Manager ihm bei. »Leute wie er machen unsere Arbeit zum Vergnügen.«

»Und mir hat er gezeigt, wie die menschliche Perspektive der Ein-Minuten-Management-Methode aussieht. Lassen Sie mich doch noch einmal zusammenfassen, was ich bisher gelernt habe. Ich möchte sichergehen, daß ich auch alles richtig verstanden habe.«

»Nur zu,« ermutigte ihn der Ein-Minuten-Manager.

* Die Geschichte von Hank basiert auf Tatsachen. Er steht stellvertretend für viele hervorragende Vorarbeiter, mit denen wir im Laufe der Jahre zusammengearbeitet haben. Steve Mulvany, heute Direktor der Management Tools Inc. in Orange, Kalifornien, entdeckte diese Geschichte, während er als Vizepräsident unter Bob Lorber für PSI, eine Beraterfirma, die ein Projekt in Hanks Betrieb durchführte, tätig war. Er leitete dieses Projekt und hat Hank als ›Sid‹ in seinen Seminaren und Lehrveranstaltungen zu weltweitem Ruhm verholfen.

Schlußgedanken

»Zuerst haben wir alle Fragen geklärt, die die Drei Geheimnisse des Ein-Minuten-Managements betreffen: die Ein-Minuten-Zielsetzung, die Ein-Minuten-Anerkennung und die Ein-Minuten-Ermahnung,« zählte der erfahrene Manager auf. »Danach habe ich die Drei Goldenen Regeln des Managements kennengelernt: die Stimulantien, das daraus resultierende Verhalten und die angemessenen Konsequenzen. Sie tragen dazu bei, die Drei Geheimnisse folgerichtig im Führungsalltag einzusetzen. Und mit dem *Drill*-System läßt sich die Ein-Minuten-Management-Methode planvoll, demokratisch und für jeden verständlich in die Praxis umsetzen. Wer die Drei Geheimnisse kennt, entwikkelt erstaunliche Fähigkeiten. Die Ein-Minuten-Management-Methode reicht weit über die Möglichkeiten des einzelnen hinaus und läßt sich sowohl auf größere Arbeitsgruppen als auch auf das gesamte Unternehmen anwenden.«

Der Ein-Minuten-Manager lächelte, als er seinem Besucher zuhörte. Er genoß die Erregung, die jeden packt, der etwas Neues lernt.

»Klingt, als ob Sie alles verstanden hätten,« meinte er.

»Ja, sieht so aus,« bestätigte der erfahrene Manager. »Ich weiß gar nicht, wie ich Ihnen dafür danken soll, daß Sie mir das, was Sie selbst über das Management wissen oder gelernt haben, beigebracht haben.«

»Keine Ursache,« wehrte der Ein-Minuten-Manager ab. »Wissen ist ja dazu da, daß man es weitergibt. Aber noch ein Rat zum Abschluß: Der beste Weg, ein Ein-Minuten-Manager zu werden, ist der, das Gelernte sofort in der Praxis anzuwenden. Wichtig ist nicht, daß Sie es richtig machen, sondern daß sie es ›anpacken‹. Wir haben hier ein ›Sprichwort‹:

Alles

was man tun sollte,

muß nicht

perfekt getan werden –

jedenfalls

am Anfang

Das persönliche Engagement

»Stimmt,« meinte der erfahrene Manager. »Ich brenne richtig darauf, endlich ›in die Hände zu spucken‹ und anzufangen.«

»Kein Problem,« antwortete der Ein-Minuten-Manager. »Die einzige Schwierigkeit dabei ist Ihre Ausdauer. Zum Beispiel behaupten viele: ›Es liegt nur an der Diät, daß ich nicht abnehme‹. Weit gefehlt! Es liegt nur an den Leuten selbst, sie haben kein Durchhaltevermögen. Machen Sie nicht den gleichen Fehler, wenn Sie die Ein-Minuten-Management-Methode in die Praxis umsetzen.«

»Genau das hat einer meiner Freunde wohl gemeint, als er mir sagte: ›Hör' auf, etwas zu versuchen. Tu' es, oder laß es bleiben!‹«

»Darauf wollte ich hinaus,« rief der Ein-Minuten-Manager aus. »Ein Beispiel: Würden Sie wohl bitte versuchen, das Buch dort vom Schrank herunterzuholen?«

Der erfahrene Manager holte das Buch.

»Ich habe Sie gebeten, es zu versuchen,« betonte der Ein-Minuten-Manager. »Ich habe nicht gesagt, geben Sie es mir.«

Der erfahrene Manager lächelte.

»Ich sehe, Sie haben verstanden, was ich damit ausdrücken wollte. Entweder tun Sie etwas, oder Sie tun es nicht. Wenn Sie sagen: ›Ich versuch's, werden Ihre alten Verhaltensmuster wieder lebendig – mit dem Ergebnis, daß Sie nichts tun.«

»Vielen Dank für Ihren Rat,« erwiderte der erfahrene Manager. »Ich habe nicht vor, wie der junge Mann zu werden, der sich an einen Ast über dem Abgrund klammert und schreit: ›Ist noch jemand da oben, der mir helfen kann?‹«

Der erfahrene Manager stand auf und reichte dem Ein-Minuten-Manager die Hand. »Ich tue es,« versprach er feierlich.

Der Ein-Minuten-Manager bei der Arbeit

Als der erfahrene Manager das Büro des Ein-Minuten-Managers verließ, konnte er es kaum erwarten, das, was er gelernt hatte, in der Praxis zu erproben. Er war fest entschlossen, sich für die Ein-Minuten-Management-Methode voll einzusetzen.

Gleich am nächsten Morgen fing er an. Er wartete nicht, bis er alles, was er gelernt hatte, perfekt konnte. Er wußte: etwas aufschieben bedeutet meistens, nie damit anfangen. Er teilte sein neuerworbenes Wissen mit all seinen Mitarbeitern, die es ihrerseits weiterverbreiteten. Sie halfen sich gegenseitig, die Ein-Minuten-Management-Methode in die Praxis umzusetzen.

Während dieser Periode fruchtbarer Zusammenarbeit konnte der erfahrene Manager feststellen, daß in einem Unternehmen vier Systeme absolut notwendig sind, damit sich das Ein-Minuten-Management bezahlt macht. Die Mitarbeiter müssen wissen, was sie tun sollen (Zuständigkeitssystem); wie sie sich verhalten sollen (Leistungsbewertungssystem); wie gut ihre Leistungen wirklich sind (Feedbacksystem); und welche Vorteile gute Leistungen bringen (Anerkennungssystem).

Schon nach kurzer Zeit konnten alle seine Leute *Drill*-Projekte für jedes Ein-Minuten-Ziel in Angriff nehmen. Anhand der Zielsetzung ließ sich das Aufgabengebiet klar definieren. Die augenblicklichen Leistungen wurden schriftlich fixiert und bestimmte Arbeitsverfahren reorganisiert. Dann wurde jeder Mitarbeiter über die Situation informiert und Ziele sowie Lehr- und Lernstrategien gemeinsam festgelegt. Dann begann die Lehr- und Lernphase. Die Vorgesetzten gingen auf die Bedürfnisse ihrer Untergebenen nach Kontrolle und Anleitung ein. Man half sich gegenseitig, damit alle zu den Gewinnern gehörten. Die Leistungen wurden beurteilt, Fortschritte vermerkt und neue Ziele gesetzt.

Bald danach geschah das Unvermeidbare:

Der

erfahrene Manager

setzte

mit großem Erfolg

die

Ein-Minuten-

Management-Methode

in die Praxis um;

der Unterschied

war unübersehbar

Nicht nur das Arbeitsklima, sondern auch die Leistungen verbesserten sich. Und, was noch wichtiger war, die Ein-Minuten-Management-Methode wirkte sich besonders positiv auf die Schlüsselfaktoren eines Unternehmens, auf die Basis, aus: Produktivität und Umsatz stiegen steil an, die Qualität wurde merklich besser und Firmentreue und Engagement der Mitarbeiter waren beispiellos.

Überall, wohin der erfahrene Manager kam, verbreitete er sein Wissen. Bald wurde die Ein-Minuten-Management-Methode nur noch die *Theorie W* genannt. Der ›frischgebackene‹ Ein-Minuten-Manager meinte dazu: »Sie können Theorie X, Theorie Y oder Theorie Z vertreten. Wir nennen unsere Ein-Minuten-Management-Methode *Theorie W*, einfach deshalb, weil sie hundertprozentig wirkt.«

Überall, wohin der erfahrene Manager kam, erzählte er denen, die gelernt hatten, wie man die Ein-Minuten-Management-Methode in die Praxis umsetzt ...

Beweisen Sie,

daß Sie Ausdauer haben,

und stecken Sie

mit Ihrer Begeisterung

andere an

Die Autoren

Dr. Kenneth H. Blanchard, der die Ein-Minuten-Management-Methode und die ›Situationsbedingte Führungsstrategie‹ mitentwickelt hat, ist ein international bekannter Autor, Pädagoge, Berater/Schulungsleiter und Professor für Führungspsychologie an der Universität von Amherst, Massachusetts. Er hat mit seinen Arbeiten über Führungsstrategien, Motivation und die Einführung betrieblicher Veränderungen weltweit Anerkennung gefunden. Zu seinen Werken gehören das inzwischen zur Pflichtlektüre erhobene, bei Prentice-Hall erschienene Lehrbuch *Management of Organizational Behavior: Utilizing Human Resources*, das er zusammen mit Paul Hersey verfaßt hat, und der in Zusammenarbeit mit Dr. Spencer Johnson entstandene amerikanische Bestseller *The One Minute Manager*, herausgegeben von William Morrow and Company.

Dr. Blanchard hat die akademischen Titel eines B.A. in politischen Wissenschaften und Philosophie an der Cornell Universität, des M.A. in Soziologie und Rechtsberatung an der Colgate Universität und des Dr. phil. in Verwaltung und Management an der Cornell Universität erworben.

Als Aufsichtsratsvorsitzender der Blanchard Training and Development, Inc. mit Sitz in San Diego, hat

Dr. Blanchard große Erfahrung auf dem Gebiet der Führungskräfteschulung und Beratung von Unternehmen und Behörden erlangt. Seine Managementmethoden werden in zahlreichen amerikanischen Spitzenunternehmen und Wachstumsindustrien mit großem Erfolg praktiziert.

Dr. Robert Lorber, ein international bekannter und anerkannter Experte auf dem Gebiet der Leistungssteigerung, ist Präsident der RL Lorber and Associates, Inc. in Orange, Kalifornien. Sein Unternehmen hat sich auf die strategische Planung und Erprobung von Produktivitätssteigerungs-Systemen spezialisiert.

Dr. Lorber hat seine akademischen Titel B.A. und M.A. an der University of California in Davis und den Dr. phil. für angewandte Verhaltensforschung und Führungspsychologie erworben. Zu seinen zahlreichen Publikationen gehören unter anderem »Effektive Feedback: The Key to Engineering Performance«, »Managing Data vs. Good Feeling«, »How to Implement Change: Supervise and Lead«, und »Productivity – in Five Intensive Lessons«.

Dr. Lorber hat viele Vorträge an Fachakademien und bei Fachtagungen gehalten. Er ist im Aufsichtsrat der Wirtschaftsfachschule der Universität von Santa Clara, gehört zu den Herausgebern des *Journal of Organizational Behavior Management* und ist Mitglied der Presidents Association of the American Management Association, der American Productivity Management Association, der American Psychological Association und des World Affairs Council.

Dr. Lorber und seine Firma haben Produktivitätssteigerungs-Systeme in kleineren, mittleren und Spitzenunternehmen in den USA sowie im Mittleren Osten, in Südamerika, Mexiko, Afrika, Europa und Kanada eingeführt.

Dienstleistungen

Ken Blanchards und Robert Lorbers Firmen arbeiten eng zusammen und sind darum bemüht, die Produktivität im Unternehmen zu steigern und das Arbeitsklima zu verbessern.

Zu den Dienstleistungen, die sie zur Verfügung stellen, gehören: zwei- bis fünftägige Seminare, Lehrmaterial, angefangen von Instrumentarien zur Lernkontrolle bis hin zu kompletten Audio- und Videoprogrammen sowie konstante Beratung in den verschiedensten Unternehmensbereichen, wie zum Beispiel Teamarbeit oder langfristige Produktivität.

Weitere Auskünfte erteilt:

Blanchard Training and Development, Inc.
2048 Aldergrove Avenue, Suite B
Escondido, California 92025619/489-5005

oder

RL Lorber and Associates
505 South Main Street, Suite 1017
Orange, California 92668714/541-5001